JN440474

제2의 인생을 위한

앙코르 마이라이프

이 호 성 지음

도서출판  보성

머리말

혹자는 인생은 수학공부를 하는 것과 같다고 한다. 태어날 때는 아무 것도 가진 것이 없는 0(제로)의 상태이지만, 점차 세상을 살아가면서 재산을 더하고 곱해서 큰 재산을 모았다가, 퇴직 후에는 이들을 빼고 나누어서 죽을 때는 다시 0(제로)의 상태로 돌아가는 것이라고 한다. 인생의 수학공부에서는 더하기와 곱하기를 잘하는 것도 중요하지만, 빼기와 나누기를 잘해야 행복한 인생을 살 수 있다는 것이다. 병원의 호스피스 병동에서 오랫동안 말기암환자들을 돌보아온 한 자원봉사자도 사람들이 죽음에 임박해서 후회하는 것은 그 동안 재물을 많이 모으지 못한 것에 대한 것이 아니라 아직 남들에게 나누어줄 것이 남아있는데 다 나누어주지 못하고 일찍 가는 것에 아쉬움 때문이라고 한다. 이처럼 행복한 노후는 돈만으로 이루어지는 것이 아니라 돈 외에도 더 중요한 것들이 있다는 것을 알 수 있다.

2010년부터 한국사회에서는 베이비부머(baby boomer)라고 하는 한국전쟁 이후부터 가족계획이 본격적으로 시행되기 전에 태어난(1955~1963년), 우리나라 전체인구의 16%에 해당하는 816만 명이나 되는 사람들이 퇴직을 하고 있다. 이들의 대규모 퇴직은 산업현장에서 숙련노동자의 감소로 이어질 것이고, 퇴직 실업자와 연금생활자의 증가에 따른 국세부담 증가로 이어질 것이다. 개인적으로는 준비되지 않은 퇴직으로 가계소득이 갑자기 감소함으로써 중산층에서 신 빈곤층으로의 계층하락을 경험할 수도 있고,

사회적 지위 상실에 따른 정체성 혼란과 심하면 우울증을 경험할 수도 있다. 이들은 대부분 일을 하면서 노부모를 부양하고 아이들을 교육시키면서 먹고살기도 바빴기 때문에 자신의 퇴직 준비를 제대로 하기도 쉽지 않았다.

우리사회에서 사람들의 평균수명이 길어지고 건강상태가 좋아지면서 퇴직 후 살아가야 할 날이 일을 할 때와 비슷해지면서, 퇴직 후에는 일을 하지 않고 취미생활이나 하면서 노후를 즐기겠다고 노후설계를 하는 사람도 많지 않다. 그렇지만 노후에 무슨 일을 어떻게 할 것인가에 대해 구체적으로 준비를 하고 있는 사람도 많지 않다. 그러니 퇴직이 가까워질수록 퇴직 후의 생활에 대한 걱정으로 불안과 초조함이 커질 수밖에 없다.

이 저서는 베이비붐세대의 일원인 저자가 주변에서 퇴직을 했거나 퇴직에 임박해 있는 사람들이 미래에 대한 불안감으로 우울해 있고, 일부는 퇴직 후 배우자와의 갈등을 극복하지 못하고 황혼이혼으로 이어지는 것을 보면서, 퇴직자가 행복한 노후생활을 위해서 필요한 자신에 대한 자존감 회복, 퇴직 준비사항에 대한 점검, 퇴직 후의 마음가짐, 퇴직 후 제 2의 직업선택, 삶의 질 향상을 위한 활동 등에 대한 준비과정을 기술한 것이다.

퇴직자 모두가 퇴직 준비를 잘하여 행복한 노후생활을 하기를 기원한다.

2012. 9. 1

이 호 성

차 례

제 1 부
퇴직 후 아내가 달라졌다

제1부 퇴직 후 아내가 달라졌다

1. 퇴직 후 악처를 만나다

인간이 앞으로 150세까지 살 수 있을까 없을까에 대한 뜨거운 논쟁과 베팅이 과학계에서 이루어지고 있다. 논쟁의 주인공들은 미 텍사스대학 교수인 오스태드(Austad)와 일리노이대학의 교수인 올샨스키(Olshansky)다. 오스태드는 앞으로 20~30년 내에 인간수명을 30%정도 늘리는 약이 나와 가능하다고 주장하고 있고, 올샨스키는 인간은 노화를 막을 수 있게 설계되지 않았다면서 신이 개입하지 않는 한 불가능한 일이라고 반박하고, 인간의 기대수명은 85세 정도에 정점을 찍을 것이라고 주장하고 있다. 각자 150달러씩 내서 150년간 주식시장에 묻어두었다가 2150년에 150세 인간의 출현여부에 따라 그 예측이 맞는 사람의 후손들에게 그 돈을 주기로 배팅을 하였다고 한다. 지난 20세기처럼 주가가 상승할 경우 그 돈은 약 5억 달러(6,000억 원)에 달할 것이라고 한다. 결과야 어떻게 나오든 인간의 평균수명이 지금보다 훨씬 더 길어질 것이라는 것에 대해서는 두 명 모두 동의를 하고 있다.

우리사회도 의학기술의 발달과 의료복지의 확대로 과거보다 건강하게 오래살 수 있는 길이 열렸다. 그렇지만 평균수명의 연장에도 불구하고 조직사회에서 퇴직연령은 점차 빨라지고 있다. 일반적으로 퇴직하면 정년퇴직을 의미했지만, 외환위기와 세계금융위기를 겪으면서 조기퇴직과 명예퇴직이 점차 보편화 되고 있는 것이다. 조직사회에서의 돈을 벌 수 있는 기간은 점점 짧아지고 퇴직 후에 일 없이 지내야 하는 기간이 점점 길어지고 있다. 그런데 현재 퇴직자들의 상당수는 퇴직 후의 생활에 대한 준비를 거의 하지 못한 상태에서 퇴직을 당하고 있다고 한다. 만일 당신이 직장에서 갑자기 퇴직을 당한다면, 당신의 집에서는 어떤 일이 벌어질 것인가를 아래의 이야기를 통해서 알아보자.

평생을 자신에게 맡겨진 일만 열심히 해오던 한 경찰관이 우연한 기회에 비리사건에 연루되어 퇴직을 당하고 하루아침에 실업자가 되었다. 퇴직을 당한 다음날에도 남편은 자존심 때문에 아내에게 퇴직을 당했다는 말을 꺼내지 못하고 신사복을 입고 평소 출근하는 사람처럼 아내의 배웅을 받으며 집을 나선다. 대문을 나서는 순간 오늘부터는 갈 곳이 없다는 사실에 마음이 갑자기 울적해지며 가슴이 답답해진다. 울적한 마음에 차를 몰아 비교적 사람이 적은 도시근교의 산 아래 주차장으로 가서 차를 세우고 트렁크 안에 숨겨두었던 등산복과 등산화를 꺼내 화장실에서 갈아입고 산을 오른다. 산 정상에 올라 산 아래에서 바쁘게 움직이는 도시풍경을 바라보다가 자신이 정말 못났다는 자책감에 빠져 갑자기 울컥해진다. 한 동안을 산 정상에서 머물다가 퇴근시간에 맞춰 산을 내려와 마치 아무 일도 없었던 것처럼 다시 집으로 향한다. 다음날 아침 출근을 머뭇거리는 남편을 향해 아내가 무슨 일 있느냐고 묻는다. 퇴직 사실이 들킨 것 같아 가슴이 철렁하지만, 아무 일도 없다는 듯 고개를 좌우로 흔들며 집을 나선다. 오늘은 집에서 좀 떨어져 있는 공원을 찾는다. 공원 벤치에 앉아 바쁘게 모이를 줍는 비둘기들을 바라보다가 나도 무엇인가 다시 일을 해야 한다는 강박관념에 용기를 내어 친구들에게 전화를 걸어본다. 친구가 무슨 일이 있느냐고 물으면 자존심 때문에 일자리에 대한 말은 꺼내지도 못하고 그냥 안부전화 해 봤다고 둘러대고 전화를 끊는다. 누군가가 아내에게 남편의 퇴직 사실을 이야기해서 아내가 알게 될 때까지 이런 생활은 계속된다. 어느 날 아내가 퇴직사실을 알고 있다는 사실도 모른 채, 남편은 퇴근하여 친구들이 술 한 잔 더 하자는데 바쁘다며 그냥 왔다고 너스레를 떤다. 아내는 무서운 얼굴 표정을 하고 왜 상의도 없이 자기 마음대로 사표를 냈느냐고 큰소리를 치기 시작한다. 남편은 회사가 마음에 들지 않아서 상사와 싸우고 사표를 냈다며 그동안 쌓여있던 울분을 토해내듯이 큰소리를 친다. 아내는 그럼 가족은 어떻게 먹여 살릴 거냐고 따져 묻는다. 자신의 마음을 가장 잘 이해해 줄 것이라고 믿었던 아내가 회사에서 억울하게 퇴직을 당한 자신의 아픈 마음을 달래주기는커녕, 큰 소리로 못난 남편이라고 몰아 부치는 게 야속하다. 아내는 아침에 출근할 때 배웅해주던 상냥한 아내가 아니라 무서운 잔소리꾼 악처가 되어 있었다. 답답한 마음에 다시 집을 나와 공원벤치에 앉아 바쁘게 길을 가는 사람들을 바라본다. 남들은 다 바쁘고 행복해 보이는데 자신만 할 일없는 무능한 사람이 된 것 같아 울적한 마음에 근처 포장마차에 들려 소주를 시켜 마신다. 취기가 어느 정도 오르자 다시 집으로 돌아간다. 오늘은 용기를 내어 아내에게 자신의 미래 계획을 말하려는 순간, 아내는 할 일도 없는 사람이 늦게까지 술 퍼마시고 돌아다니다 돌아와 술 냄새나 풍긴다고 또 잔소리를 한다. 이 상황에서 말을 꺼내 보았자 본전도 못 찾을 것 같고 아내의 잔소리도 싫어서 안방으로 들어가 잠이나 자려는 순간, 이번에는 아내가 꼴도 보기 싫으니 다른 데 가서 자라며 안방의 이불과 베개를 거실바닥에다 내던진다. 가장의 권위와 자존심이 한 순간에 거실바닥에 내팽개쳐진 기분이다. 거실바닥에 누워 잠을 청하려하니 서러운 마음에 잠을 이룰 수가 없다. 다음날은 아침 일찍 용기를 내어 취직을 알아보려고 옛 직장근처 커피숍에서 직장 후배를 불러 자신이 할 만한 일을 알아보지만, 후배의 대답은 마땅한 일이 없다는 것뿐이다. 다음 날도 후배에게 다른 일자리라도 알아보기 위해 전화를 해보지만, 이제 후배는 전화 받는 것조차 귀찮아한다. 다른 후배들에게도 전화를 해보지만 돌아오는 답은 모두 알아보겠다는 답변뿐이다. 다음날도 아내의 잔소리를 피해 집을 나와 커피숍에 앉아 옛날의 친구와 후배들에게 전화를 해보지만, 취업의 희망은 보이지 않는다. 마침내 소개받은 일이라는 것도 불법적인 브로커 역할을 하라는 것뿐이다. 결국 나중에는 돈을 빌려 조그만 가게를 하나 창업하게 되면서 갑작스런 퇴직 후의 힘든 백수생활이 끝나게 된다.

이 이야기는 갑작스럽게 퇴직을 당한 한 남편의 퇴직 후의 애환을 다룬 한 인기 TV연속극의 개략적인 줄거리다. 갑작스런 퇴직 후 남자들이 당면하는 절망감과 가족간의 심리적 갈등은 연속극 주제로만 끝나는 것이 아니라, 퇴직자 가정 대부분에서 실제로 당면하고 있는 것들이다. 많은 퇴직 남편들은 퇴직 후 처음으로 아내에게서 악처의 기질을 보았다고 한다.

2. 퇴직 후유증이 심각하다

어느 날 갑자기 퇴직을 당하는 경우에는 그 억울함과 분노로 오랫동안 잠을 이룰 수가 없다. 혼자 앉아 생각에 잠겨있거나 잠을 자면서 꿈을 꿀 때도 마치 당사자들을 마주보고 있는 것처럼 억울하고 분노에 차서 끔찍한 복수를 생각해 보기도 한다. 퇴직 후 특별히 할 일이 없을 경우에는 더 많은 시간을 분노하면서 복수를 생각해보고, 때로는 자신과 타협을 하면서 괴롭게 긴 시간을 보내게 된다. 퇴직이 정년이 되어 자연스럽게 이루어지는 경우에도 퇴직 전에 건강하게 열심히 일하던 사람이 퇴직 후 건강이 악화되었다든가, 퇴직 후 우울증을 앓고 있다는 이야기들을 많이 들어 보았을 것이다. 예전에 전라도 광주에서 한 고위직 공무원이 정년퇴직을 앞두고 주어진 안식년 기간에 우울증으로 자살을 하였다는 안타까운 신문기사가 있었다. 대부분의 사람들은 퇴직을 앞두고 자녀들의 학비와 결혼 등 돈 나갈 곳은 아직 많이 남았는데 모아둔 돈이 풍족하지 못할 경우 미래에 대한 막연한 불안감을 갖게 된다. 미래에 대한 불안감이 커지면 밤잠을 설치게 되고 모든 일에 의욕을 잃고 자학을 하는 등 우울증에 걸리기가 쉽다. 심하면 위의 경우처럼 자살로 이어지기도 한다.

퇴직 후 새롭게 경험하는 생활은 퇴직 전의 평생을 해온 생활과 전혀 다르기 때문에, 퇴직자가 새로운 생활에 적응하는데 많은 어려움을 겪을 수밖에 없다. 그러니 퇴직이라는 단어를 생각만 해도 두려움, 무능, 외로움, 고립감 등 부정적인 이미지가 떠오르는 것도 당연하다. 퇴직 후 사람들의 생활에는 어떠한 변화가 일어날까?

퇴직 후 가장 먼저 경험하는 것은 인간관계가 서서히 단절된다는 것이다. 평소 시도 때도 없이 울려대던 휴대폰 울리는 횟수가 퇴직과 함께 서서히 줄어들다가 나중에는 전화요금이 아까울 정도로 적어진다. 가끔씩 울리는 전화마저도 카드회사에서 새로운 카드가 나왔으니 바꾸어 보라는 홍보전화이거나 대출회사에서 싼 이자로 자금을 대출해주겠다는 전화로 대부분 쓸데없는 전화들뿐이다. 그렇다고 가끔씩 자식들이 부모님이 걱정되어 안부전화를 하기 때문에 전화를 없앨 수도 없다. 저녁이 되면 퇴직 전에 이용하던 대리운전회사로부터 자신들의 대리운전을 이용하라는 광고문자가 수시로 전해져 온다. 자신에게 걸려오는 전화나 문자 중에서 실속 있는 것이 거의 없으니 허탈감만 커질 뿐이다. 퇴직 후 처음에는 친한 친구들에게 전화해 안부를 묻거나 만나서 자신의 퇴직생활과 미래 구상에 대한 이야기를 하지만, 결국에는 세상을 한탄하면서 쓸쓸하게 헤어지게 된다. 이렇게 얼마간의 시간이 흐른 뒤에는 직장생활을 계속하고 있는 친구들을 불러내기도 눈치가 보이고 자존심도 상하고 해서 친한 친구와의 전화통화도 점점 줄어든다. 어쩌다 친한 친구에게 전화를 하려면 몇 번을 망설이다가 큰 맘 먹고 전화를 해보지만, 그 친구도 내가 원할 때 언제든지 불러낼 수 있는 친구가 아니라는 것을 곧 알게 된다. 자신이 원할 때 기꺼이 시간을 내 줄 수 있는 사람은 오직 배우자뿐이라는 것도 곧 알게 된다. 나중에는 아내도 자신보다는 아이들 편이라는 것을 알고 고립감과 외로움을 더 느끼게 된다.

둘째, 퇴직을 하면 세상에 대한 정보로부터도 차단되어 진다. 퇴직 전 조직사회에 있을 때는 조직의 공식적 또는 비공식적 통로를 통해 접할 수 있었던 수많은 세상에 대한 정보들이 퇴직과 함께 완전히 차단되고 오직 TV와 신문을 통해서만 세상과 소통할 수 있게 된다. 과거 조직사회에 있을 때는 조직 내의 통신망이나 조직원들과의 대화를 통해 세상을 알 수 있었고, 시도 때도 없이 배달되는 각종 이메일을 통해 세상을 읽을 수가 있었다. 퇴직 후에는 이런 정보통로가 모두 차단되고 오직 신문과 방송을 통해서만 세상과 소통해야 한다. 퇴직 전 조직사회의 고위직에 있었던 사람들의 퇴직 후 고립감은 다른 사람들보다 더 크다고 한다. 조직사회의 고위직에 오랫동안 근무하다 퇴직을 하신 어떤 분은 매일 아침 정장을 하고 출근하던 것이 버릇이 되어 퇴직 후에도 습관적으로 아침식사가 끝나면 정장을 하고 자신의 방으로 갔다는 이야기나, 퇴직을 하니 스스로 움직이던 엘리베이터도 움직이지 않더라는 농담은 고위직에 있던 사람이 퇴직 후에 느끼는 고립감과 새로운 현실 적응의 어려움을 잘 드러내 준다.

셋째, 퇴직 후 겪게 되는 가족과의 갈등과 불확실한 미래에 대한 불안감이 육체적 건강이상으로 이어지는 경우도 있다. 많은 퇴직자들이 퇴직 후 편두통, 복통 등을 경험하였으며, 심하게는 기억력 감퇴 현상, 치아가 흔들리거나 빠지고, 탈모현상 등을 경험하였다고 한다. 이러한 퇴직 후의 후유증들은 퇴직 후 규칙적인 생활을 하지 않게 되면서 오는 육체적 건강 이상, 사회적 역할 상실과 사회적 관계의 단절에 따른 고립감 등에서 오는 정신건강 이상, 금전적인 부족에서 오는 경제적 빈곤 등이 서로 겹쳐지면서 일어나는 현상으로 보인다. 그런데 이런 퇴직 후의 후유증을 퇴직 후 나타나는 일시적 현상으로 생각하고 많은 퇴직자들이 적극적인 치료를 하지 않는 경향이 있다. 퇴직자에게 가장 중요한 것은 건강이다. 건강을 잃으면 제 2의 인생도 물 건너간다. 퇴직 후의 건강문제에 대해서는 본인들이 적극적으로 대처를 해야 하고 가족들도 관심을 가지고 지켜보아야 한다. 몇 가지 사례들을 통해 퇴직자들이 퇴직 후 구체적으로 어떠한 어려움을 겪고 있는지를 살펴보자.

Y(55)씨는 아주 오랫동안 아파트 관리소장으로 일하다가 얼마전 퇴직을 하였다. 퇴직 후 처음에는 답답한 마음을 달래기 위해 매일 산을 찾았다가 몇 일 후 체력의 한계를 느껴 일주일에 2번 정도로 줄였다고 한다. 퇴직 후 한 달 정도가 지나고 나니 아침에 일어나도 갈 곳이 없고 자신을 찾는 사람도 없어지면서 갑자기 마음이 불안해지고 가슴이 답답해지면서 머리가 아파오기 시작하더라는 것이다. 퇴직기간이 더 길어지면서 모든 일에 의욕을 잃었고 친구들과의 모임에도 나가지 않고 집에만 틀어박혀 있었다고 한다. 집에만 있다 보니 아내와의 사소한 갈등이 점차 늘어났고 갈등을 피하려다 보니 부부간의 대화도 줄어들었다고 한다. 다행히 6개월 정도의 구직활동을 통해 과거와 비슷한 일자리를 찾을 수가 있었다. 구직기간이 더 길어졌다면 아내와의 관계는

더 악화되었을 것이라면서, 지난 6개월이 자신의 인생에서 가장 끔찍한 기간이었다고 회고했다.

J(53)씨는 명예퇴직 후 며칠 동안 무력감으로 집에서 계속 잠만 잤다고 한다. 일어나면 힘이 빠지고 만사가 귀찮아서 멍하니 누워서 창밖만 바라보게 되었다고 한다. 병원에 가서 진단해보니 우울증이라 하여 지금은 항우울증 약을 먹고 있지만, 성격이 신경질적으로 변하였고 잔소리가 심해지면서 가족 구성원들과 마찰이 잦아졌다고 한다. 아내와 아이들도 신경질적인 자신을 자꾸 피하고 있어 가족 내에서 자신만 외톨이가 되어 가는 것 같다고 하였다. 현재 재취업을 원하지만 나이 들어서 일자리 찾기가 매우 힘들다고 했다.

L(54)씨는 퇴직 전 공기업에서 중간관리자로 열심히 일을 하느라 퇴직 준비를 하지 못하다가 지난 해 정리해고 되었다고 한다. 그 동안 안정된 직장에서 급여를 받아왔기 때문에 자신을 중산층이라고 생각해왔는데 퇴직을 하고 수입이 줄면서 자신은 하루아침에 신 빈곤층이 되었다고 한다. 아직 학업을 마치지 못한 대학생 아들과 혼사를 앞 둔 딸이 있기 때문에 돈을 더 벌어야 해서 재취업을 위해 노력을 하고 있지만, 자신의 과거 경력은 재취업에 전혀 도움이 되지 않고 있다고 했다. 나중에는 3D 업종에라도 취업을 하려고 했지만, 3D업종도 과거경력보다는 현재 힘을 잘 쓸 수 있는 젊은이를 더 필요로 하기 때문에 취업노력이 모두 허사가 되었다고 한다. 지금은 자영업을 생각중이라고 한다.

M(50)씨는 직장을 그만 둔 뒤로 가장으로서 가족부양을 제대로 하지 못하고 있다는 자책감과 미래에 대한 불안감으로 밤에 잠

이 오지 않고 밥맛도 없어졌다고 한다. 가만히 앉아 있을 때에도 미래를 생각하면 갑자기 가슴이 두근거리고 어깨의 힘이 빠지는 것 같다고 한다. 퇴직 후 갈 곳이 없어 집에만 있다 보니 처음에는 아내의 눈치가 보이다가 나중에는 아이들의 눈치까지 보이지만, 가장으로서 자존심을 내세우려다가 가족과 마찰을 자주 빚고 있다고 한다.

K(55)씨는 외환위기 때 직원이 400여명이나 되는 자동차 관련 기업의 공장장으로 근무하다가 회사가 부도나면서 퇴직금을 한 푼도 받지 못하고 해고 되었다고 한다. 하루아침에 모든 것을 잃고 나니 머리가 멍해지고 뒷머리가 아파서 집에 있을 수가 없었다고 한다. 퇴직 후 매일 아침 등산복을 입고 집을 나와 비교적 높은 산에 올라가 집에서 싸온 도시락을 혼자 먹고 내려가길 2년간 반복하였다고 한다. 높은 산에 오르면 힘이 들고 숨이 차면서 일시적으로 머리 아픈 것을 잊을 수 있었지만, 집에 돌아오면 머리 아픈 것이 계속 반복되었다고 한다. 마침내 가족을 설득해서 회사가 있던 도시생활을 청산하고 부모님이 계신 시골집으로 내려와 농사일을 돕게 된 후부터 머리 아팠던 것이 모두 사라졌다고 한다. 귀향 후 1년여 동안 부모님의 농사를 도우면서 꾸준한 구직 노력 끝에 취업을 해서 현재는 자동차 부품 관련회사에 취업해 중간관리자로 일을 하고 있다. 퇴직 후의 백수생활은 자신에게 아주 끔찍한 기간이었지만, 그래도 아내와 가족들이 자신을 이해해 주고 도와줘 어려움을 어렵지 않게 극복할 수 있었다고 한다.

이상에서 살펴본 바와 같이 퇴직자에게 가장 힘든 일은 할 일이 없다는 것으로부터 오는 상실감과 무력감이다. 그리고 무너진 가장으로서의 권위와 자존심을 가정에서 계속 내세우려다 부닥치는 아내 또는 아이들과의 심리적 갈등이다.

그런데 퇴직자라고 해서 모두가 퇴직으로 인해 부정적인 영향을 받는 것은 아니다. 비교적 많은 교육을 받은 전문직 종사자들은 퇴직 후에도 자신의 전문분야와 관련한 컨설팅, 파트타임 업무 등을 하면서 정신노동에 계속 종할 수가 있다. 직업 자체가 정년이 없는 것도 있다. 상업, 농업, 어업 분야에 종사하는 자영업자들은 정년이 없이 몸을 움직일 수 있을 때 까지 계속 일을 한다. 이들은 퇴직이 없으니 퇴직 후유증도 앓지 않는다. 퇴직 후유증을 앓고 싶지 않거든 퇴직 후에도 이들처럼 일을 해야 한다. 아직도 우리사회에는 정년퇴직은 일로부터 멀어지는 것으로 생각하는 사람들이 많이 있다. 그런데 정년퇴직은 인생의 긴 과정에서 보면 한 단계에서 다음 단계로 넘어가는 과정일 뿐이다. 우리가 청소년기에서 청년기로 자연스럽게 넘어왔듯이, 정년퇴직도 장년기에서 노년기로 자연스럽게 넘어가야 할 한 단계일 뿐이다. 대부분의 조직사회는 정년이라는 장벽을 만들어 놓고 직장생활을 하는 사람들이면 누구나 이 장벽을 넘도록 하고 있다. 자신이 사업주가 아니라면 직장인은 누구나 이 장벽을 넘을 준비를 사전에 해야 한다.

3. 정년퇴직제도는 불가피한 제도인가?

지금 일을 하고 있는 회사가 자신이 만든 회사가 아니라면, 현재 회사에서 어떠한 지위에 있든 정년이 되면 회사로부터 퇴직을 강요받게 되어 있다. 비록 정년 이전이라 할지라도 일반 회사들은 경기변화에 따라 구조조정을 할 수 있기 때문에 중년의 회사원들은 항상 퇴직의 위협 속에서 직장생활을 하고 있다. 퇴직시기가 좀 빨리 오느냐 늦게 오느냐의 차이는 있을지언정, 자본주의 사회에서 대부분의 직장인들은 모두 회사를 떠나도록 되어 있다. 물론 오늘날의 고령화 추세에 부응하여 정년을 연장하거나 본인이 원하면 퇴직 후에도 비정규직으로 남아 일을 계속 할 수 있도록 노동자들을 배려하는 회사들도 늘고 있기는 하다.

과거에는 비록 55세에 퇴직을 당한다고 해도 크게 문제될 것이 없었다. 퇴직 후 5년 정도만 지나면 자연스럽게 회갑이 되고 노인이 되어 경제활동을 하지 않고도 사회와 자녀들로부터 죽는 날까지 노인으로써 부양을 받을 수 있었기 때문이다. 1970년도만 하여도 우리나라 국민의 평균수명은 61.9세로 55세 정년퇴직 후 6~7년 후면 생을 마감하였으니 대부분의 사람들은 평생 일만 하다 죽었다고 할 수 있다. 2010년 우리나라의 평균수명은 80.8세로 40년 만에 19년이나 길어졌다. 그러나 퇴직연령은 기대수명 연장과 달리 오히려 줄어들고 있으며, 대부분의 직장에서 고용이 안정된 정규직보다 고용이 불안정한 비정규직이 더 많아지고 있다. 정규직이라 해도 정년이 꼭 지켜지는 것이 아니라 구조조정이라는 명목 하에 정년 이전이라도 언제든지 명예퇴직 또는 조기퇴직 등으로 퇴출당할 수 있다. 이처럼 평균수명이 길어지는데 비해 퇴직 연령이 빨라지다 보니 퇴직 후 살아갈 날들이 직장생활을 한 날들만큼이나 많이 남아 있게 되었다. 그래서 많은 퇴직자들이 재취업을 하고자 하지만 퇴직 후 재취업자 수는 크게 늘지 않고 있다. 실제로 우리나라 40대의 실업급여 신규신청자가 2005년 12만 442명에서 2009년 25만 2,785명으로 209% 증가하였고, 50대는 2005년 9만 5,238명에서 2009년 21만 3,912명으로 223%로 두 배 이상 증가하였다고 한다. 퇴직자의 재취업이 어려운 원인을 퇴직자들은 자신들은 노동의욕을 가지고 있지만 사회가 나이든 사람들을 받아주지 않기 때문이라고 하고, 기업가들은 퇴직 후 사람들의 노동의욕과 노동생산성이 현저하게 떨어지기 때문이라고 서로 책임을 떠넘기고 있다.

현재의 퇴직자들은 사회적 경험이 많으며 오랜 직장생활을 잘 견디어온 사람들로 성실하고 조직사회에 충실했던 사람들이다. 이들이야 말로 최고의 직업윤리를 소유한 집단이라고 할 수 있다. 앞으로 산업분야에 따라 다르겠지만, 저 출산으로 인해 퇴직노동자를 대체할 대체인력이 줄고 있는 상황에서 퇴직연령이 되었다고 해서 무조건 퇴출시키다 보면 많은 산업분야에서 경력직 부족현상이 나타날 수도 있다. 더구나 현재 제조업 분야에서 중요한 역할을 하고 있는 외국인 산업연수생들이 연수기간이 종료되어 자국으로 돌아가고 나면 국내에서 나이든 노동력을 대체할 만한 값싸고 성실한 노동력을 찾을 수가 없을 것이다. 기업에서 정년퇴직자가 늘어난다는 것은 숙련노동자들이 점차 노동현장에서 사라지고 있다는 것을 의미한다. 이들이 나이 들었다고 해서 결코 무능한 노동력이 아니며 일을 처리하는 속도는 느릴지 모르지만 책임감이 강하고 성실한 노동력이다. 기업들이 앞으로도 현재와 같이 정년퇴직제도를 유지하면서 임금이 상대적으로 낮은 젊은 노동력이나 외국인 노동력을 선호하게 된다면, 우리사회에서 우수한 숙련노동자를 구하기가 점차 힘들어 질 것이다. 현재의 숙련노동자들은 한번 사라지면 영원히 없어지거나 오랜 숙련기간이 지나야만 재생산될 수가 있다. 그런데 만일 퇴직노동자를 재고용한다면 산업현장에서는 경력직이 부족한 현상을 극복할 수 있고, 국가적으로도 연금 신청자가 줄어들면서 국고부담을 감소시킬 수 있고 세수증대에도 기여할 수 있을 것이다.

퇴직제도는 기업과 국가적 측면에서 없어져야 하는 측면이 있는가 하면, 또 다른 측면에서는 기업이라고 하는 것이 영리를 목적으로 하는 조직이므로 자본주의 사회에서 생산력이 떨어지는 노동력을 퇴출시키는 제도를 유지하는 것은 당연하다고 할 수 있다. 그러므로 자본주의 사회에서는 퇴직제도가 쉽게 없어지지 않을 것이고 퇴직제도의 폐지를 강요할 수도 없다. 그리고 현행 정년퇴직제도 하에서 노동자의 진퇴를 결정하는 것은 노동자가 아니라 기업이다. 노동자는 입사와 동시에 퇴직 시점을 알 수 있기 때문에 기업에서 퇴직을 통보하기 전에 미리 사전에 퇴직 준비를 하여야 한다. 조직사회에 있으면서 퇴직 준비를 하지 않고 퇴직 후의 변화를 두려워만 하고 있거나 새로운 변화를 시도하지 않는 사람은 가족의 부양의무를 포기한 사람으로 볼 수밖에 없다. 2018년이면 우리사회도 고령사회에 접어들기 때문에 퇴직자가 퇴직 후에 일을 하지 않으면 산업현장에서 숙련노동력 부족현상이 일어날 수 밖에 없다. 국가의 사회복지 재원도 특단의 조치가 없으면 점차 고갈될 가능성이 높다. 이러한 상황에서 퇴직자가 자신의 퇴직 후 생활에 대한 사전 준비를 하지 않으면 퇴직은 개인과 국가에게 커다란 재앙이 될 수도 있다. 정부는 미래의 재앙을 피하기 위해서 퇴직자를 유휴노동력으로 보기보다는 고령사회에서 중요한 노동력이라는 인식하에 이들의 재교육, 재훈련, 재취업에 투자하고, 이들의 활용방안을 고안해야 할 것이다. 그리고 퇴직자의 퇴직 후 재취업을 활성화하기 위해서 재취업이 나이에 의해 제한받지 않고 능력이 있는 사람이면 누구나 일을 할 수 있는 사회적 분위기를 만들어야 한다. 퇴직자도 퇴직 후에 취미생활이나 하면서 여생을 보내겠다는 생각을 버리고 자신에 맞는 일자리를 찾아 일을 할 준비를 해야 한다.

영국은 2011년 10월부터 기업에서 65세가 되더라도 퇴직을 강요할 수 없도록 법 규정을 바꾸었다고 한다. 이 규정을 둔 이유는 근로자들이 과거에 비해 더 건강한 삶을 살고 있고 나이 많은 근로자들의 노하우와 경험이 경제회복과 장기적 관점의 번영에 기여할 것으로 기대하기 때문이라고 한다. 이제 영국에서는 노동자가 정년이 되더라도 고용주가 한물간 사람이라고 쫒아낼 수가 없게 되었다. 이것은 개인에게는 일에 대한 선택의 기회를 주는 것이고, 사회적으로는 연령차별을 종식시키는 것이다. 고령화 사회에서 고령사회로 빠르게 진행되고 있는 우리사회에서도 이러한 제도를 고려해 볼 필요가 있다.

4. 퇴직은 절망인가 희망인가?

2010년부터 한국사회에서는 풍부한 지식과 경험을 가지고 책임감이 강한 수많은 노동자들이 집단적으로 퇴직을 하고 있다. 퇴직이 우리사회에서 매년 이루어지고 있지만, 2010년부터는 예전과 달리 베이비부머(baby boomer)라고 하는 한국전쟁 직후부터 가족계획이 본격적으로 시행되기 전에 태어난(1955년부터 1963년까지) 우리나라의 인구구조에서 가장 높은 비중을 차지하고 있는 노동자들이 집단적으로 퇴직을 하고 있다. 요즘은 과거와 달리 의학기술의 발달과 생활양식의 변화로 평균수명이 크게 늘어났고 건강에 대한 관심의 증대와 지속적인 건강관리로 퇴직자들의 건강상태가 젊은이들 못지않게 좋아졌지만, 과거 산업사회에서 만들어진 정년퇴직제도는 이들의 변화된 모습과 관계없이 거의 모든 산업현장에서 그대로 유지되고 있다. 오랜 사회경험 속에서 축적된 지식과 지혜 그리고 기술이 산업현장에서 아직 유용함에도 불구하고, 이들은 정년퇴직이라는 이름하에 평생의 직장으로부터 사회로 내몰리고 있는 것이다.

이들은 한국전쟁 직후 전쟁기간 동안 미루어 왔던 임신과 출산 붐에 따라 매우 높은 출산율을 기록하며 태어나서 전후 어려운 국가경제 상황 속에서 경제적 궁핍과 치열한 생존경쟁을 경험하며 젊은 시절을 보냈다. 그들은 성인이 되어서는 경제성장 과정의 주체가 되어 열심히 노력하였고, 그 성장의 혜택을 일부 누리기도 하였지만 곧바로 외환위기와 글로벌 금융위기라는 국가적 경제위기를 겪었던 세대이다. 이들이 한창 일할 나이인 1970~1980년대의 우리나라 기업들은 대부분 생존경쟁을 위해 대량생산을 위한 조직과 시스템의 합리성만 강조했지 인간적인 것에는 거의 관심을 기울이지 않았었다. 직장을 위해서 가족과 가정을 희생하는 사람이 존중받는 이러한 사회적 풍토 속에서 이들은 자신이나 가족보다는 직장에 충성을 다 할 수밖에 없었다. 조직 내의 사람들은 조직의 구성요소로서 체계적으로 관리되었으며 명령에 따라 움직이는 로봇처럼 일을 해야 했다. 개인의 가정사는 직장을 위해서 당연히 희생되어야 했고, 만일 직장에서 가정사를 내세워 휴가를 신청하는 사람이 있다면, 그 사람은 사회생활을 할 줄을 모르는 사람으로 동료들에 의해 낙인찍혀 직장생활에 어려움을 겪을 수밖에 없었다. 낮에는 직장에서 많은 일을 처리하느라 스트레스가 쌓이고 밤에는 낮에 쌓인 스트레스를 풀기위해 동료들과 술을 마시느라 자신을 관리할 시간도 거의 가지지 못하였다. 베이비부머들이 회사에 이렇게 충성한 것은 회사가 퇴직 때까지 영원할 것으로 믿었고, 회사에 충성하는 것이 곧 가정을 지키는 것이라고 생각했기 때문이다. 아침 일찍 집을 나와 저녁 늦게 집에 들어오는 남편에게 아내가 자신이 하숙집 아줌마처럼 보인다는 불평을 하지만, 돈만 많이 벌어다 주면 상관없다는 생각으로 열심히 일만 해왔다. 매일 밤늦게 집에 들어와 다음 날 새벽에 일찍 나가야 하기 때문에 깨어있는 상태의 아이들 얼굴을 보는 것도 쉽지 않았다. 아이들과 놀아주고 교육을 시키는 것은 엄마의 몫이고, 아빠는 일을 해서 돈만 벌면 되는 것으로 알고 살아왔다.

그런데 인생의 거의 전부를 바쳐왔던 직장으로부터 배신을 당하는 한국사회의 대 위기가 찾아왔다. 첫 번째 위기는 1997년의 외환위기 때였다. 한국경제가 외환위기에 몰리자 많은 기업들이 도산을 하였고, 많은 베이비부머들은 평생직장으로 알고 자신의 모든 것을 희생해왔던 직장으로부터 쫓겨났다. 이때 이들의 나이는 대부분 30대 후반이거나 40대 초반으로 자신만 의지하고 있는 아내와 아이들이 있는 가장이었다. 회사로부터 퇴출을 당하고도 가족들이 걱정할까봐 퇴출당했다는 이야기를 하지 못하고 매일 가족의 배웅을 받으며 집을 나서서 남의 눈을 피해 근처 공원이나 산으로 출근한 사람들도 적지 않았다. 외환위기 후 많은 회사들이 회사사정이 어렵다고 회사에 평생을 바쳐온 직원들을 해고하였지만, 가족들은 가정경제가 어렵다고 가장을 해고하지는 않았다. 직장에서 해고당하고 갈 곳이 없어 방황하는 가장들을 품어주고 용기를 준 곳이 바로 가족이었다. 이때부터 베이비부머들은 세상에서 가장 소중한 것은 회사가 아니라 바로 가족이라는 것을 깨닫게 되었다. 많은 퇴직 가장들은 퇴직 후 갈 곳이 없고 경제력조차 없는 아빠를 믿고 기다려준 아내와 아이들에게 큰 고마움을 느꼈다고 한다. 일찍부터 가정의 소중함을 알았더라면, 회사에 쏟았던 시간과 노력의 일부라도 가족을 위해 쏟았을 것이고, 지금처럼 가족에 대한 미안함과 후회가 적었을 것이라고 했다. 회사가 부도나면서 직장을 잃은 이들 중 일부는 가족의 도움으로 새롭게 창업을 시작한 사람들도 있고, 다른 일부는 항상 마음의 고향으로 여기고 있었던 농촌으로 귀향을 해 농촌에 정착한 이들도 적지 않았다. 물론 이 과정에서 겪게 된 경제적 어려움을 가족이 함께 슬기롭게 극복하지 못하고 가족이 해체되는 아픔을 겪은 이들도 적지 않았다. 다른 일부의 사람들 중에는 새로운 직장을 구하겠다고 집을 나와 낮에는 구직을 위해 돌아다니고 밤에는 역이나 터미널 주변에서 무료급식을 받으면서 하루하루를 연명하다가 그 생활에 익숙해져 노숙자로 전락한 사람들도 있다.

그 후 한국경제가 좋아지면서 대부분의 사람들이 새로운 일자리를 찾아 일터로 돌아갔지만, 2007년경부터 새롭게 시작된 글로벌 경제위기가 다시 기업들을 어렵게 하면서 외환위기 때의 정리해고와 명예퇴직의 망령들이 되살아나 일부사람들은 다시 회사를 떠나야 했다. 운 좋게 정리해고에서 살아남을 수 있었던 베이비부머들도 글로벌 경제위기 때는 나이 먹은 것이 죄나 되는 것처럼 젊은 사람들과 회사의 눈치를 보아야 했다. 다행스럽게도 글로벌 경제위기의 폭풍은 비교적 짧은 기간 내에 마무리 되었지만, 2010년부터 베이비부머의 첫 세대들이 55세 정년에 이르게 되면서 이제 정년퇴직이라는 망령이 이들을 차례대로 직장에서 사회로 내몰고 있다.

오늘날 한국경제의 눈부신 성장은 자신과 가족을 희생하면서 자기가 속한 조직에 충성을 다했던 다수의 베이비부머들이 있었기 때문에 가능하였다. 그런데 평생 믿고 충성을 다했던 회사가 조직원을 나이가 들었다는 이유로 건강상태나 자신의 의사와 상관없이 조직에서 밀어내고 있다. 이제 이들이 한번 평생직장을 떠나면 다시 이들을 받아줄 직장을 찾기는 하늘의 별따기보다 어렵다. 정부는 우리사회가 고령화 사회임에도 불구하고 고령인구를 위한 대한 대책보다는 고령인구가 노동시장을 떠남으로써 조직 내의 인사적체가 해소되고 여러 명의 젊은 노동자를 더 고용할 수 있다는 청년실업 감소정책에만 관심을 기울이고 있다.

정년퇴직이란 한 인간이 일정연령이 되어 오랫동안 몸 담아온 조직으로 부터 물러나는 것이며, 동시에 중장년으로부터 노인으로 넘어가는 인생사의 중요한 전환점이 되는 시기이다. 정년퇴직은 한 인간의 긴 인생사를 놓고 볼 때 태어나서 유아기, 아동기, 청소년기, 청년기, 장년기를 거쳐 노년기로 넘어가는 통과의례의 한 단계이지만, 사람에 따라서 커다란 위기가 될 수도 있고 기회가 될 수도 있다. 퇴직 후에 사회적 지위와 자아정체감을 상실하고 비생산적인 노인으로 전락된다면, 퇴직은 개인에게 분명히 커다란 위기가 될 수 있다. 반대로 퇴직을 하면서 조직 속에서 통제된 생활을 해오던 사람이 오랫동안 꿈꾸어 오던 자신의 일을 시작하게 된다면 퇴직은 분명 새로운 기회가 될 수도 있다. 그러므로 퇴직 자체를 너무 비관적으로 보거나 낙관적으로 볼 필요는 없다. 사람들은 동일한 상황이 주어졌을 때 사람에 따라 절망을 선택할 수도 있고 희망을 선택할 수도 있다. 자신이 반평생을 헌신해왔던 조직에서 물러나면서, 이제 조직이 아니라 자신을 위해 자기가 좋아하는 일을 할 것이냐 아니면 과거 조직생활의 향수에 젖어 과거만 회상하고 있거나 자신을 퇴출시킨 조직을 원망하면서 과거의 망령들과 싸우면서 나머지 인생을 보낼 것이냐 하는 것은 자신의 선택에 달려있다. 당신이라면 어떠한 선택을 하겠는가?

제 2 부
퇴직자, 그들은 누구인가?

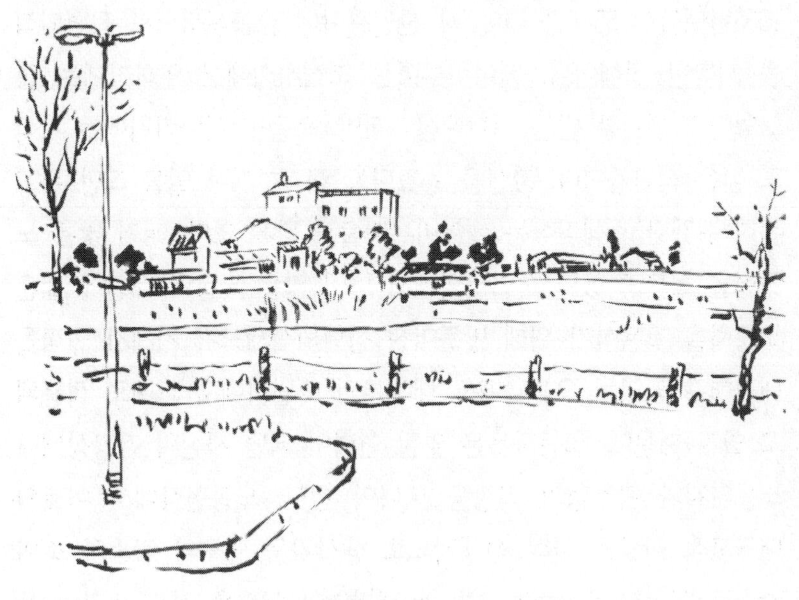

제2부 퇴직자, 그들은 누구인가?

1. 베이비부머를 아는가?

2010년은 한국사회에서 베이비부머(baby boomer)의 첫 세대인 1955년생들이 55세가 되어 각 산업분야에서 공식적으로 정년퇴직을 시작한 첫해이다. 베이비부머는 조직사회에서 일하기에는 좀 늙었다고 평가를 받는 기피대상이지만, 죽음을 기다리기에는 아직도 젊은 청년들이다. 자신을 늙었다고 생각하거나 일을 그만 두고 편히 쉬겠다고 생각하는 베이비부머들도 많지 않다. 과거 많은 노동력을 필요로 했던 산업사회에서 나이 많은 노동력 대신에 젊은 노동력을 고용하기 위해 만들어진 정년퇴직제도가 기계가 인력을 대신해주고 있는 오늘날에도 대부분의 작업장에서 그대로 적용되고 있기 때문에, 노동자들은 일정 연령이 되면 자신의 건강상태나 노동의지와 관계없이 직장을 떠나야 한다. 노동현장에서 이들의 대규모적 이탈은 사회 전체적으로 생산가능 인구의 감소와 소비 감소로 이어질 수 있다. 이들의 재취업이 어려울 경우 국가의 세금을 낼 사람은 대폭 줄어들고, 연금을 받아야 할 사람이 대폭 증가하게 되어 사회 안정망에도 커다란 위협이 될 수 있다.

한국사회에서 베이비부머의 변화가 고령화와 사회복지와 매우 밀접한 관련이 있다는 것을 인정하면서도, 사람들은 베이비부머의 퇴직에 많은 관심을 기울이고 있지 않다. 그 이유는 베이비부머들이 점차 경제활동 현장에서 물러나고 있어 이들의 사회에서의 영향력이 점차 감소하고 있고, 정치권에서는 이들의 퇴직으로 청년노동자 몇 명을 더 고용할 수 있다는 청년실업 문제 해결에 더 관심을 가지고 있기 때문으로 보인다. 그러나 이들 집단의 특성은 한국사회 만의 독특한 변화의 산물이며, 이들 집단에 대한 정확한 이해는 한국사회의 미래를 예측하는데 매우 중요하다. 이들 베이비부머의 특성에 대해 알아보고자 한다.

한국전쟁(1950~1953년)은 사람들의 삶을 송두리째 바꾸어 놓았다. 이 전쟁으로 많은 사람들은 부모, 형제와 생이별을 하거나 전쟁 중에 이들을 잃었고 삶의 터전도 잃었다. 전쟁이 끝난 후에는 모든 삶의 터전이 폐허가 되었기 때문에 살아있는 사람들의 생활도 어렵기는 마찬가지였다. 전쟁이 끝난 후 매우 열악한 생활환경 속에서도 사람들은 전쟁 중에 미루어 두었던 아이를 갖기 시작하였다. 전쟁 중 남편이 전쟁에 참여하여 아이를 가질 수가 없어서, 전쟁 중에 아이를 잃어서, 노후 부양을 맡길 아들을 낳기 위해서 등 아이를 가져야 하는 이유는 사람들마다 달랐지만, 한국전쟁이 끝난 후 아이를 낳으려는 베이비 붐(baby boom)이 사회 전반에서 일기 시작하였다. 인구학자들은 이 때 태어난 아이들을 베이비부머(baby boomer) 또는 베이비붐세대(baby boom generation)라고 부른다. 이들은 한국전쟁 직후인 1955년부터 가족계획정책이 본격적으로 시작되기 직전인 1963년까지 태어난 세대로, 2010

년 현재 한국 전체 인구의 16%인 816만 명에 달하는 대규모 인구집단이다. 한집에 대략 6명 정도의 형제가 있었으니, 이들은 태어나면서부터 치열한 생존경쟁을 치를 수밖에 없었다. 1960년대 초에는 한국 전체인구의 72.0%가 농촌지역에 거주하고 있었기 때문에, 대부분의 베이비부머들이 농촌지역에서 출생하였다고 볼 수 있다. 취업과 학업을 위해 농촌을 떠나와 오랫동안의 도시생활에 익숙해진 지금도 이들이 농촌을 늘 마음의 고향으로 여기고 언젠가 다시 그곳으로 돌아가겠다는 생각을 가지고 있는 이유도 그들 대부분이 농촌 출신이기 때문이다.

베이비부머들은 태어날 때부터 일복을 타고 태어난 세대이다. 당시 농촌에서는 아이도 중요한 노동력의 원천이었기 때문에 어려서부터 집안에서 가사노동의 일부를 책임져야 했다. 소, 돼지, 닭, 염소 등 가축 먹이주기, 동생 돌보기, 땔감 해오기 등이 이들에게 주어진 주요 일감이었다. 농번기에는 아이에게 일을 시키거나 동생을 돌보게 하기 위해 학교를 보내지 않는 부모들도 있었다. 그런 환경에서도 공부를 하겠다고 동생을 업고 학교에 온 친구 한두 명 쯤은 어느 학교에서나 있었다. 베이비부머들은 어려서부터 일요일보다는 학교 가는 날을 더 좋아했다. 공부하는 것이 좋아서가 아니라 평일에는 학교에 가야 하기 때문에 일을 하지 않아도 되지만, 휴일은 온 종일 가족들과 함께 일을 해야 했기 때문이다. 휴일은 이들에게 결코 반가운 날이 아니었다. 이들이 휴일보다 학교 가는 날을 더 좋아했던 또 다른 이유는 학교에서 외국의 원조물자인 옥수수 가루와 밀가루로 죽이나 빵을 만들어 아이들에게 나누어 주고 있어 학교에 가면 배고픔을 면

할 수 있었기 때문이다. 집에서는 먹을 것은 부족하고 형제가 많아서 먹을 것을 두고 형제간에 다툼을 벌여야 했기 때문에 배불리 먹을 수가 없었다. 요즘 아이들이 아빠의 키가 자신들보다 작다고 놀리지만, 어려서 가정형편이 어려워 잘 먹지 못했고 힘든 노동을 해야 했기 때문에 키가 자랄 수 없었다고 이야기를 해도 아이들은 이해를 하지 못한다. 그러니 아빠 옛날 어릴 적 배 고팠던 때의 이야기를 하면, 아이들은 먹을 것이 없으면 라면이라도 끓여먹지 그랬느냐고 하는 것도 무리가 아니다. 대부분의 농촌가정에서 겨울철에는 먹을 것이 풍족하지 않고 해도 짧으니 하루 두 끼 식사만 해야 했다. 아침은 약간 늦은 시간에 양을 늘리기 위해 고구마를 썰어 넣은 보리밥을 먹었고, 점심은 오후 늦게 저녁을 겸해서 고구마와 동치미 국물로 때웠다. 저녁에 배가 고파 참기 어려울 때는 화롯불에 고구마 몇 개 더 구워먹으면서 긴 겨울밤을 보내야 했다.

봄에는 보릿고개라 하여 지난 가을에 수확한 농산물이 거의 다 떨어져 가고 보리가 나오기에는 아직 이른 봄날 어려운 시기가 있었다. 이때는 적은 곡식으로 양을 늘려서 가족이 함께 먹기 위해 산과 들로 돌아다니며 나물을 캐서 함께 넣어 죽을 끓이거나 밥을 해서 먹었다. 형제가 많다보니 그 마저도 풍족하게 먹기는 어려웠다. 오늘날 지역마나 향수를 달래주는 나물밥이나 나물죽들은 대부분 이런 배고팠던 과거의 기억들을 간직하고 있는 것들이다. 산과 들에는 봄나물들 외에도 찔레 순, 참꽃 등과 같이 먹거리를 보충할 수 있는 간식거리들이 많이 있어서 아이들은 친구들과 몰려다니며 허기를 채웠고, 그래도 배가 고프면 어른들의 눈을 피해 덜 익은 보리와 밀을 그을려 먹는 서리를 했다. 밤에는 동네 개구쟁이들이 사랑채에 모여 밤이 깊어지기를 기다렸다가 몰래 남의 참외, 수박, 닭 등을 서리라는 이름으로 훔쳐와 먹어 다음날 동네를 발칵 뒤집어 놓기도 하였다. 동네 어른들은 훔쳐간 사람이 누구인가 대략 짐작은 하지만, 물증이 없을 때는 오죽 배가 고팠으면 그랬을까 하며 눈감아 주곤 하였다. 동네에서 한때 개구쟁이였던 베이비부머들은 아마 이런 추억 하나쯤은 거의 가지고 있을 것이다. 모두가 살기 어려웠던 시기였지만 사람들의 마음만은 비교적 너그러웠던 시기였다고 할 수 있다. 오늘날 젊은이들이 농촌에서 베이비부머가 어릴 적 했던 것과 같은 서리행위를 하게 된다면 바로 절도로 경찰에 신고 될 것이다.

여름에는 일찍 수확한 보리를 이용해 보리밥을 가을 추수 전까지 먹을 수 있었다. 아침에 보리밥을 많이 해서 일부는 먹고 나머지는 점심에 먹기 위해 통풍이 잘 되는 나무시렁에 올려놓았다가 점심때 가족이 둘러앉아 한 덩어리씩 나누어 찬물에 말아 먹는다. 보리밥을 찬물에 말아 오이와 풋고추를 날된장에 찍어 같이 먹을 때는 진수성찬이 부럽지 않은 꿀맛이었다. 밥이 부족한 날이면 어머니는 자식들에게 먼저 다 나누어 주고 자신은 배가 고프지 않다며 기다렸다가 아이들의 식사가 다 끝난 뒤에 전날 저녁에 먹고 남은 쉰밥을 물에 씻어내고 다시 물에 말아먹는 모습을 많이 보았다. 당시에는 냉장고가 없었기 때문에 전날 저녁밥은 이미 상해서 밥알 사이에 실이 늘어져 나올 정도가 되어 있다. 그것을 먹고 배탈이 나지 않으면 다행이지만, 배탈이 나도 돈 걱정 때문에 병원 한번 제대도 갈 수도 없었다. 병이 나면 사람들 사이에 구전으로 전해 내려오는 다양한 천연재료들을 이용한 돈이 들지 않는 민간요법을 이용할 뿐이었다.

베이비부머들은 대부분 형제들이 많았기 때문에 어려운 가정 형편에 학교도 제대로 다닐 수가 없었다. 초등학교는 의무교육이라 학비 부담이 비교적 적었고 농촌의 오지까지 학교가 있었기 때문에 다닐 수 있었지만, 중학교부터는 학교가 읍내에 있거나 도시에 있어서 하숙이나 자취를 해야 했고, 수업료가 비싸서 시골지역에서는 좀 산다는 일부 학생들만 진학할 수가 있었다. 나머지 대부분의 아이들은 돈을 벌기 위해 일자리를 찾아 어려서부터 도시의 공장으로 떠나야 했다. 학업 대신 일을 선택한 젊은 이들을 사회가 공돌이와 공순이라고 비하하여 불렀지만, 이들은 가족과 동생들을 위해서 어린나이에도 불구하고 공장에서 하루 종일 일을 할 수밖에 없었다. 대부분의 베이비부머들은 어린 나이에 먹고살기 위해서 또는 학업을 위해서 친구들과 함께 했던 정든 시골고향을 일찍 떠날 수밖에 없었다. 대부분의 가정에서 교육을 받을 수 있는 기회는 성별과 출생서열에 따라 결정되었는데, 가정 형편상 한 명만 교육시켜야 한다면 대부분 장남으로 결정되었다. 장남을 상급학교에서 교육시키기 위해서는 차남 이하의 아들들과 여자들은 대부분 공장에 취업해서 돈을 벌어야 했다. 1960~70년대는 한국이 노동집약적 산업에 집중하여 저임금 노동력을 많이 필요로 하였기 때문에 여자아이들은 도시에서 비교적 쉽게 노동자로 취업할 수 있었다. 오늘날 우리사회의 지도층 중에 여성이 적은 이유 중 하나도 이때에 여성들 대부분이 자신의 실력과 관계없이 여성이라는 이유만으로 대부분의 가정에서 교육을 받을 기회가 제한되었기 때문이다.

베이비부머들이 태어나고 자란 당시는 가난으로부터 벗어나고자 농촌에서는 새마을 운동이 전개되고 있었고, 도시에서는 노동집약적 산업을 기반으로 수출주도형 경제정책을 추진하고 있던 한국사회의 대격변기였다. 새마을 운동이라는 이름하에 우리의 전통가옥인 초가집이 슬레이트집으로 바뀌고 마을 안을 휘감아 돌던 구불구불한 돌담길이 반듯한 콘크리트 블록이나 조립식 담장으로 바뀌었지만, 부모님들의 살림살이는 좀처럼 나아지지 않았다. 정부가 도시의 노동집약적 산업현장에서 저임금 노동력을 유지시키기 위해 생필품 중 가장 중요한 품목인 농산물 가격을 낮추기 위해 저 농산물 가격정책을 쓰게 되면서 농민들의 생활수준은 결코 나아질 수가 없었다. 흉년이 들어 농산물의 수확량이 줄어들고 가격이 오르면 정부가 해당 농산물을 수입하여 가격을 떨어뜨렸고, 풍년이 들어 농산물의 공급량이 많아지면 시장가격이 폭락하여 농민들의 생활수준은 언제나 적자수준을 면할 수가 없었다.

도시로 일하러 나간 여동생의 생활도 어렵기는 마찬가지였다. 1960년대 정부는 수출주도형 경제정책을 주요 정책으로 추진하면서 수출을 국가의 최대 목표로 삼고 있었다. 당시 우리나라의 주요 수출품은 초기에는 농업, 어업, 광업 등 원료채취를 주로 하는 1차 산업 중심으로 시작하여 차츰 2차 산업으로 옮겨갔다. 주력 2차 산업은 신발, 섬유, 봉제 중심의 노동집약적 산업이었다. 이들 산업에서 국제 경쟁력을 갖기 위해서는 값싼 저임금 노동력이 뒷받침 되어야 했는데, 당시 한국에서 가장 값싼 노동력은 저학력의 10대 여성노동력이었다. 초등학교나 중학교를 막 졸업한 여자아이들은 시내의 큰 방직공장이나 가내수공업 공장에 취업하여 하루 12시간씩 맞교대 노동을 해야 했다. 오랜 노동시간에도 불구하고 적은 임금 때문에 잔업은 기본이고 주말에도 특근을 할 수 밖에 없었다. 그러니 실질적인 휴일은 설날과 추석 명절 두 번밖에 없었다. 오랜 시간의 노동에도 불구하고 받는 임금이 너무 낮았기 때문에 집은 친구들 몇 명이 어울려 월 셋방을 얻어서 공동으로 이용하면서 비용 지출을 최소화하였으며, 먹는 것은 가능하면 공장에서 해결하고 부족한 것은 부모님이 시골에서 주말에 동생 대동하고 머리에 이고 등에 지고 양손에 들고서 가져다주는 것들로 해결했다. 입는 것은 되도록 사지 않고 공장에서 지급되는 작업복을 평상복처럼 입고 다녔으며, 명절 때나 되어야 선물로 부모님과 동생들 옷을 사면서 자신의 것도 한 벌 사 입는 정도였다. 이렇게 여자들이 고생하면서 모았다가 보내주는 돈은 주로 남자아이들의 학비로 지출되었다.

베이비부머들은 컴퓨터는 물론이고 학원도 모르고 자란 세대이다. 그런 점에서 공부에 대한 스트레스는 지금 아이들보다 덜 받고 자랐다고 할 수 있다. 학교에 갔다 오면 가방을 툇마루에 던져두고 부모님이 부를 때까지 온 종일 동네 구석구석을 몰려다니며 친구들과 놀이를 즐겼다. 팽이치기, 술래잡기, 구슬치기, 비석치기, 고무줄놀이 등은 이들이 즐겨하던 놀이들이다. 이들은 거의 매일 오전에는 학교에서 같이 공부하고 오후에는 동네 골목에서 놀이를 같이하며 어린 시절을 함께 보냈기 때문에 친구간의 우정이 매우 두터울 수밖에 없다. 특히 농촌지역의 학교는 대부분 소규모 학교로 이웃동네 친구들이 한 학년 한반이 되어 6년 동안을 같은 교실에서 같이 배웠기 때문에 서로를 어려서부터 아주 잘 알고 있다. 이들은 성인이 된 지금도 어릴 적 친구들을 만나면 동심으로 돌아가 그 때처럼 떠들고 이야기를 하며 술을 마시고 밤새는 줄을 모른다. 베이비부머들이 특히 고향과 친구들에 대한 애착이 강한 것도 과거 어릴 적의 강한 추억과 향수를 공유하고 있기 때문이다.

베이비부머들이 어린 시절 학교를 다녔거나 공장을 다녔거나 1970년대에서 1980년대까지 20대의 젊은 시절을 암울하게 보냈고 청바지와 통기타를 좋아했다는 것은 거의 비슷하다. 암울한 당시 정치상황에 대한 젊은이들의 주요 저항수단은 자신의 몸과 옷을 이용하는 것이었다. 남자들이 장발을 하고 다니면 미풍양속을 해친다 하여 경찰이 단속을 하였지만, 독재정권에 저항하는 의미로 일부러 장발을 하고 다녔고, 여자들은 미니스커트를 입고 다니면 미풍양속을 해친다 하여 단속을 하였지만, 미니스커트를 입으면서 군사독재정권에 저항하고자 하였다.

당시 이러한 젊은이들의 암울한 감정을 달래주었던 것이 민중가요와 대중가요였다. 그런데 이들 가요들도 집권자들에게 반항적이거나 거슬리게 들리면 불건전 퇴폐가요라 하여 금지곡으로 지정하고 방송에 나오지 못하게 하였다. 오늘날의 젊은이들이 당시의 금지곡들을 들어본다면 왜 이들이 금지곡이 되었는지 알 수 없을 것이고, 그 이유를 알고는 매우 황당해 할 것이다. 그런데 아이러니 하게도 당국에 의해 금지곡으로 지정된 노래들은 오히려 젊은이들이 알아야 하는 노래처럼 인식되어 젊은이들 사이에서 더 널리 알려지고 집회장소마다 불리어지게 되었다. 30~40년이 지난 지금도 베이비부머들이 동창회나 계모임으로 모이면 70~80년 노래를 좋아하고 모두가 같이 따라 부르는 이유는, 이 노래들을 부르면 노래가사에 자신들의 젊었을 때의 아름다웠던 사랑과 아픔들이 녹아들어 있어 자신들의 과거 젊었을 때의 아름다웠던 추억들을 떠올릴 수 있기 때문이다. 그리고 동창회나 계모임이 끝날 때쯤 되면 다시 나이든 현재로 돌아와야 한다는 아쉬움 때문에 서로 손을 잡든가 어깨동무를 하고 자신들의 일생을 되돌아보게 하는 '난 참 바보처럼 살았군요', '청춘을 돌려다오', '마이웨이' 등을 합창하면서 헤어짐의 아쉬움을 달랜다.

베이비부머의 부모들은 일제와 해방 전 후의 혼란과 한국전쟁으로 큰 어려움을 겪은 세대였다. 이들은 태어날 때부터 부모로부터 가난을 물려받았고, 억척스럽게 세상을 살지 않으면 살아남을 수 없는 세대였다. 그들은 해방 전에는 일제에 의해 어린 시절을 수탈당했고 해방 후에는 좌우의 이념적 혼란 속에서 보냈으며 6.25 전쟁이 일어나면서는 본의 아니게 전쟁에 참여할 수밖에 없었다. 전쟁 후 독재정권 하에서는 산업역군이라는 이름하에 밤새워 일하면서 노동력을 착취당했다. 이들 중 일부는 1960~70년대 독일, 사우디아라비아 등에서 광부, 간호사, 건설노동자로 파견되어 고된 노동을 견디며 돈을 벌어 가난한 조국의 가족들에게 보내 생활을 하게 하였다. 베이비부머들이 어려운 가정환경 속에서 어렵게 어린 시절을 보냈다고는 하지만, 부모님들의 이러한 희생과는 비교가 되지 않는다. 이들의 희생과 노력이 있었기 때문에 한국은 오늘날과 같은 경제적으로 안정된 나라로 변모될 수 있었다. 베이비부머들은 부모님의 이러한 고생들을 눈으로 보면서 자라왔기 때문에 부모님의 고마움을 평생 잊을 수가 없다.

베이비부머들은 비록 1970년대와 1980년대의 암울한 독재정권하에서 민주화투쟁을 하고 이념적으로 많이 괴로워하면서 젊은 시절을 보냈지만, 성인이 되어서는 경제성장의 주역으로 활동하였고 어릴 적 꿈이었던 자기의 집과 차를 소유할 수 있게 되었다. 자식들도 대학에 까지 보낼 수 있는 여유를 가질 수 있게 되었다. 지금도 자식들에게는 무슨 일이 있어도 자신들의 어릴 적 가난했던 경험을 물려주지 않기 위해 노력하고 있다. 2010년 4월 통계청에서 조사 발표한 사회조사를 통해 본 베이비붐세대의 특징을 보면, 베이비부머들은 부모님께 항상 미안하고 죄스러운 마음으로 부모님의 노후를 지켜드리기 위해 부모님의 생활비를 제공하고 있다는 비율이 69.2%나 되는 것으로 나타났다. 이들은 대부분 가정형편이 어려워 자신들이 원하는 만큼의 교육을 받지는 못했지만, 자녀들은 무슨 일이 있어도 그들이 원하는 교육을 시키겠다는 신념으로 높은 사교육비 부담을 기꺼이 지고 있다. 2008년 베이비붐 세대 중 자신이 원하는 단계까지 학교교육을 받지 못한 사람들이 64.2%나 되며, 여자의 경우는 70% 정도나 되었던 것으로 나타났다. 그렇지만 정작 자신들은 내 집 마련을 위한 부담과 자녀 교육비 부담 등으로 경제적 부담이 커서 노후준비를 제대로 하지 못하고 있는 것으로 나타났다. 이들은 교육정도가 낮을수록 노후준비를 하고 있지 않거나 할 능력이 없는 것으로 나타났다. 그렇다고 이들이 노후에 자녀들로부터 부양을 받을 가능성도 높지 않다.

사회가 이들에게 정년이라는 데드라인을 만들어 놓고 퇴직을 요구하지만, 이들은 일을 그만두기에는 아직 너무 젊고 건강하다. 지금도 직장에서 30~40대에 밀리지 않기 위해 젊은이들이 즐겨 부르는 노래와 춤, 악기 등을 배우고 청바지를 입고 마치 자신이 30대나 되는 것처럼 행동하려고 노력하고 있다. 매일 건강을 위해서 등산, 마라톤, 헬스, 사이클, 축구 등을 즐기며 몸에 좋은 것이 있다면 전국 어디든 달려갈 정도로 건강에 대해 많은 관심을 기울이고 있다. 특히 국민건강보험 실시 이후 정기적인 건강검진이 이루어지고 보험제도가 과거의 치료중심에서 예방중심으로 바뀌면서 주요 질병을 조기에 발견하고 치료할 수 있어 대부분 질병 없이 건강하게 직장생활을 하고 있다.

이들은 어려서부터 경제적 어려움 속에서 부모의 도움보다는 자수성가한 사람들이 대부분이기 때문에 앞으로 어떠한 경제적 어려움이 닥친다 해도 잘 극복해 낼 수 있다는 자신감을 가지고 있다. 동시에 지금까지 부모의 도움 없이 스스로의 노력으로 중산층까지 올라왔는데 혹시 퇴직하고 수입이 줄어들면서 빈곤층으로 다시 전락할지도 모른다는 막연한 두려움도 가지고 있다.

2. 베이비부머는 사회의 퇴물인가?

1997~1998년 외환위기와 2007~2008년 글로벌 경제위기 때 조기퇴직, 명예퇴직 등으로 많은 베이비부머들이 퇴직을 당하였지

만, 운 좋게 살아남을 수 있었던 이들도 이제 정년이 되면서 직장을 떠날 수밖에 없게 되었다.

정년제도가 없는 자영업에 종사하는 사람들은 나이와 관계없이 죽을 때까지 자신의 일을 계속하지만, 직장인들에게 정년제도는 스스로 육체적으로나 정신적으로 일을 계속할 수 없는 나이가 되었다는 알게 하고 사람을 무기력하게 만든다. 그런데 정년제도는 노동자의 생체리듬을 반영하여 만들어진 것이 아니라 값싸고 젊은 노동력을 이용하려는 자본가의 필요에 의해 만들어진 것이라는 것을 알아야 한다. 자신의 신체리듬과 관계없이 퇴직을 했다고 해서 자신을 노인이라고 인식하고 노인처럼 생각하고 행동하면 정말 빠르게 노인이 되어버릴 수도 있다. 퇴직을 하였다고 해도 자영업자들처럼 매일 자신을 아직 할일이 많은 젊은이라고 생각하고 젊게 생각하고 젊게 행동을 하여야 한다.

오늘날 우리사회의 번영은 베이비부머의 경제발전을 위한 헌신적 노력 덕분이라는 것에는 누구도 이의가 없을 것이다. 베이비부머는 회사에서 어떤 평가를 받느냐를 가정에서 가족의 평가보다 훨씬 중요하게 생각하고 한평생을 조직을 위해 살았던 지독한 경제적 동물이었다. 그런 이들이 퇴직연령이 되었다고 해서 무작정 조직사회에서 퇴출시킬 것이 아니라 경제발전에 기여한 사람들에 대한 예우차원은 물론 인간적으로 고령자들을 존경하는 인간존중의 사회를 만들기 위해서라도 이들에 대한 사회적 배려가 있어야 할 것이다. 독일의 인구통계학자 제임스 보펠(James Vaupel)은 '20세기가 소득의 재분배가 이루어졌던 시대라면, 21세기는 일의 재분배가 이루어지는 시대가 될 것'이라고 전망했다. 최근 경제가 어려워지면서 일부 기업에서는 직원들의 정리해고가 불가피해지자 노조에서 상생차원에서 일자리나누기(job sharing)를 제안하여 직원들이 격주 근무를 하며 자신들의 일자리를 지켜온 사례들이 있다. 퇴직자에 대한 배려도 마찬가지다. 현재는 퇴직 연령이 되면 무조건 나가는 것으로 되어 있지만, 일부 기업은 퇴직 후에도 본인이 원하면 그만 둘 때까지 비정규직 직원으로 계속 일할 수 있도록 고용을 보장하고 있다. 이처럼 퇴직자가 우리사회의 주체는 아닐지라도 고령화 사회에 적합하도록 사회구조와 정책을 재편할 필요가 있다. 고령화 사회에서 퇴직자가 더 이상 소외계층이 아닌 사회 주체의 일부라는 인식을 가져야 한다.

퇴직자가 아직도 우리사회의 중요한 노동력이라는 증거는 여러 산업분야에서 찾을 수 있다. 기계로 할 수는 없고 인간이 해야 하는 일인데 젊은이들이 꺼려하는 많은 분야에서 아직도 고령 퇴직자들이 중요한 역할을 하고 있다. 최근 건설업, 제조업 등의 산업현장에서 대부분의 일은 기계를 이용하여 하지만, 뒷정리, 청소, 안전관리 등의 일을 고령 노동자들이 하고 있는 것을 많이 보았을 것이다. 산업사회에서 경제성이 떨어지지만 우리사회의 중요한 전통문화로 누군가가 하지 않으면 명맥이 끊어질 수밖에 없는 전통 산업분야에서도 고령노동자들이 낮은 임금에도 불구하고 열심히 일을 하고 있다. 비록 수입은 낮지만 전통문화의 계승이라는 사명감을 가지고 자신의 일을 천직으로 알고 열심히 일하는 사람들이 바로 고령노동자들이다. 우리사회에서 점점 늘어나는 노인고객을 상대하는 분야에서도 젊은이들보다 인생경험이 비슷한 사람들이 고객과 소통능력이 탁월할 수 있기 때문에 고령 노동자자가 더 적합할 수 있다. 실제로 노인들이 많이 모이는 지역의 카페나 음식점에서는 고령 노동자들이 주방과 홀을 책임지고 일을 하는 사례가 많이 있다. 그 외에도 오랜 숙련된 경험을 필요로 하는 산업분야에서는 오랫동안 축적한 경험과 재능을 가진 고령 퇴직자들이 교육기관에서 젊은이들에게 그들의 경험과 재능을 재분배해 주는 중요한 역할을 하고 있다.

지금은 일자리가 부족하고 취업을 원하는 젊은 노동력이 많이 밀려있기 때문에 직장에서 연장자들이 눈총을 받고 있지만, 베이비부머들이 모두 퇴직을 하고 나면 많은 산업분야에서 전문인력이 부족하여 퇴직노동력에 대한 관심이 커질 것이다. 한국사회의 인구구조 변화를 고려해 볼 때도 앞으로 젊은 노동인력 부족으로 미래의 노동시장에서 베이비부머는 중요한 기능을 할 수 밖에 없다. 그렇다고 모든 고령 퇴직자들이 사회에서 중요한 일들을 맡을 수 있는 것은 아니며, 끊임없이 자신을 개발하고 능력을 향상시킨 사람만이 나이에 대한 사회적 제약을 넘어 설수 있다. 앞으로 퇴직자들이 노후생활을 어떻게 보낼 것이냐 하는 것은 연령에 따라 결정되는 것이 아니라, 어떤 능력과 자격 또는 기술을 가지고 있느냐에 따라 달라질 것이다.

3. 베이비부머의 생애주기와 한국사회의 변화

베이비부머의 성장과정은 곧 한국사회의 경제, 사회, 교육제도에서의 대 혁신과정이었다. 베이비부머들이 태어날 때는 전쟁 후 먹을 것이 풍족하지 않은 시기였지만 부모들은 저 먹을 것은 가지고 태어난다는 생각으로 아이들을 많이 낳았다. 사회적으로도 전쟁 중 인구가 많이 줄었기 때문에 아이를 많이 낳는 것이 전혀 문제가 되지 않았다. 그런데 갑자기 늘어난 베이비부머들이 초등학교에 입학을 할 때부터 이들을 수용할 교실이 부족하게 되면서 사회문제가 되기 시작하였다. 각 초등학교의 교실은 한 반에 60~70명씩 콩나물시루처럼 학생들로 가득 채워도 교실이 부족하여 학교를 새로 지어야 했다. 학교를 새로 짓고도 다 수용할 수 없는 학생들은 학교에서 오전반과 오후반으로 나누어 2부제 수업을 실시하였다. 비교적 수업 양이 적은 저학년은 2부제 수업이라도 운영하지만 고학년으로 올라갈수록 수업양이 많아 2부제수업을 실시 할 수 없을 때에는 학생들의 수요를 맞추기 위해 시골의 구석까지 학교를 새로 지을 수밖에 없었다. 지금 폐교로 있는 대부분의 시골학교들은 이때 갑자기 늘어난 교육수요에 맞추기 위해 만들어졌다가 학생 수가 줄어들면서 남겨진 것들이다. 이들이 초등학교를 졸업하고 중학교에 들어갈 때도 중학교 수는 한정되어 있는데 중학교에 들어가려는 학생 수가 급격히 늘어나면서 중학교 수가 많이 부족하게 되었다. 중학교 수는 적고 중학교에 들어가려는 학생들이 많아지면서 중학교 입시가 과열되고, 아울러 배우지 못한 것이 한이 되었던 부모들의 높은 교육열로 좋은 학교에 자녀를 입학시키기 위한 초등학교 과외가 심해지면서 사회문제가 되었다. 이 문제를 해결하기 위해 정부는 중학교 수를 크게 늘리고 일명 뺑뺑이라고 하는 은행 알 뽑기로 학생들을 무작위로 학교에 배정하는 새로운 교육시스템을 도입하였다. 이때부터 초등학생과 중학생들은 입학시험을 치루지 않고도 집에서 가까운 중학교와 고등학교에 배치될 수 있게 되었다. 아침 등굣길은 대부분 걸어서 다닐 수 있었고, 먼 거리의 학생들은 콩나물시루처럼 많은 학생들로 가득 찬 버스를 타고 거의 초죽음이 되어서 학교에 도착할 수 있었다. 일부 시골학생들은 기차를 타고 도시까지 기차통학을 한 학생들도 있었다. 이들이 고등학교를 졸업하고 대학교에 들어가기 시작할 때는 다시 대학정원은 한정되어 있는데 대학에 가려는 학생들이 폭발적으로 늘어나게 되면서 대학입시 준비를 위한 학부모들의 높은 사교육비 부담이 사회문제가 되었다. 이 문제를 해결하기 위해 정부가 대학입시제도에 도입한 새로운 교육시스템이 바로 대학예비고사제도이다. 이것은 대학에 진학하고자 하는 학생들을 대상으로 일차시험을 치러 대학정원의 일정 배수로 지원자를 걸러낸 다음, 예비고사 합격자들만 본고사를 치르도록 하는 것이었다. 예비고사에 떨어지고도 대학을 가기위해 재수, 삼수를 하면서 예비고사를 준비하는 사람들이 누적적으로 늘어나자, 정부는 이번에는 대학 자체를 늘리고 대학 정원을 늘리는 것은 물론, 정원 외 수강을 허용하는 청강생제도를 도입하여 정원 외 학생들을 더 뽑을 수 있도록 하였다. 그리고 입학정원이 아닌 졸업정원제라는 새로운 제도를 만들어 늘어나는 대학교육 수요를 충족시키고자 하였다. 이것이 한국사회에서 오늘날처럼 대학생 수가 크게 늘어나는 계기가 되었고 사람들은 대졸 실업자를 걱정하게 되었다. 그런데 졸업정원제 학생들이 졸업할 때가 되면 한국사회에서 대졸 실업이 큰 사회문제가 될 것이라는 우려와 달리, 80년대 초부터 한국경제가 고속성장기에 접어들면서 일자리가 많이 창출되어 대졸 취업문제가 쉽게 해결되었고 사람들이 염려했던 취업대란은 일어나지 않았다.

이들이 취업을 하고 결혼을 하기 시작한 1980년대 말과 1990년대 초부터는 주택수요가 크게 늘어나면서 한국사회에 주택가격의 폭등현상이 일어나기 시작하였다. 게다가 전쟁 후 어려운 경제여건 하에서 궁핍한 어린 시절을 보냈던 베이비부머들이 직장생활로 여유가 생기면서 집과 땅의 소유에 대한 욕심을 부리게 되면서 국가 전체에서 부동산 투기도 성행하기 시작하였다. 옛 어른들은 현명한 사람은 땅을 팔아 자식농사를 짓고 우둔한 사람은 땅을 지키기 위해 자식농사를 포기했는데, 결국에는 자식농사를 진 사람이 성공하였다고 하지만, 이 말은 이때부터 적어도 한국사회에서는 맞지 않는 말이 되었다. 땅과 소를 팔아 자식을 대학까지 보냈던 사람들 중 일부는 자식들로부터 땅이나 많이 물려주지 대학까지 보내서 월급쟁이로 매일 바쁘게 고생만 하고 살게 만들었다는 불평을 들어야 했다. 실제로 공부대신 땅을 지키면서 농사짓던 도시근교의 일부 사람들은 도시지역이 확대되면서 농사짓던 밭떼기가 금싸라기 땅으로 변모되어 졸지에 억대부자가 되었고 일하지 않고도 대졸자보다 많은 수입을 올릴 수 있게 되었다. 이후에도 도시가 확대되고 부동산 투기로 불로소득을 얻는 사람들이 늘어나면서 물가가 오르고 인건비가 많이 오르게 되면서 한국경제에 빨간 불이 들어오기 시작하였다. 외신들은 한국이 샴페인을 너무 빨리 터뜨리고 있다고 한국경제를 우려하기 시작하였다.

베이비부머들이 경험한 첫 번째 경제위기는 1997년 외환위기를 맞았을 때였다. 자신의 모든 것을 바쳐온 직장으로부터 버림을 받을 수 있다는 것을 처음 깨닫게 된 것도 이 때다. 외환위기 과정에서 많은 노동자들이 회사가 파산되면서 회사를 떠났고, 파산을 면한 회사에서도 회사상황에 따라 정리해고가 일반화되면서 회사를 떠나야만 했다. 대부분의 회사에서 정리해고와 명예퇴직이 일반화되면서, 구성원들의 정년은 지켜질 수도 있고 그 이전이라도 언제든지 퇴출당할 수 있게 되었다. 이때부터 우리사회에서 정년이 보장되는 직장은 신의 직장이며, 정년까지 근무하고 퇴직할 수 있는 사람은 복 받은 사람이 되었다. 사람들은 파산위험이 적고 비교적 정년이 잘 지켜지는 공무원이나 정부투자기업에 취업한 사람들을 부러워하고, 젊은이들은 그런 직장에 취업하기를 바라고 있다.

베이비부머들의 두 번째 위기는 2007년과 2008년 미국 발 글로벌 경제위기 때이다. 세계경제가 어려워지면서 한국경제도 어려워져 다시 과거 조기퇴직과 명예퇴직의 망령이 되살아나 일부 베이비부머들이 직장을 떠났고 다수를 긴장하게 만들었지만, 다행히 한국사회가 위기에 대한 면역력이 강해서 글로벌 경제위기를 조기에 수습할 수 있게 되어 그 파급효과는 크지 않았다.

한국사회는 베이비부머들이 본격적으로 퇴직을 시작하는 2010년부터 새로운 변화를 시작하여 이들이 본격적으로 노인인구에 편입되는 2020년부터는 커다란 변화를 겪게 될 것이다. 먼저 퇴직 후 베이비부머의 소득감소는 국가 경기에도 영향을 미칠 것이다. 이들이 한국사회 전체인구에서 차지하는 비중이 높고 퇴직 후 소득이 줄어들면서 가계소비를 줄일 수밖에 없기 때문에, 이들의 소비감소에 따른 국가 경기위축의 가능성도 있다. 베이비부머들은 대부분 자녀교육과 자신의 집을 마련하기 위해 많은 돈을 지출하였기 때문에 노후를 위한 자금을 충분히 축적하지 못하였다. 게다가 앞으로 남은 자신의 수명과 건강상태를 예측할 수 없기 때문에 나이가 들수록 소비활동을 줄일 수밖에 없다. 2010년 8월 여성가족부가 전국 2,500가구 가구원을 대상으로 가족실태조사를 한 결과, 배우자의 부모인 시부모와 장인 장모를 가족으로 여기는 사람의 비율이 50.5%로 5년 전 79%보다 28.5%나 줄었다고 한다. 베이비부머들은 자녀들을 가족이라고 열심히 양육하였지만, 자녀들로부터는 가족취급을 받지 못할 가능성이 커지고 있다. 부모는 자식이 어릴 때 철마다 신체 발육정도에 맞게 옷과 신발을 사주고 장난감, 보행기, 유모차 등을 사주었지만, 자식은 나이 많은 부모를 위해 철마다 옷이나 신발, 휠체어를 사줄 가능성이 높지 않다. 대신 늘어나는 베이비부머 노인 수만큼 국가의 노인복지를 위한 지출이 계속 늘어날 수밖에 없다. 평균수명이 연장되고 노인성 질환을 앓는 환자 수가 늘어나면서 재가복지 뿐만 아니라 노인병원, 노인요양원, 노인양로원 등 시설복지를 위한 비용도 크게 증가할 것이기 때문이다.

2020년이 되면 베이비부머들의 첫 세대가 65세가 되어 노인인구에 편입되고 2030년이 되면 이들 전체가 노인인구가 된다. 그런데 2018년부터 우리나라는 출산율 감소에 따라 인구가 감소할 것으로 예측되고 국민연금의 지급율도 60%에서 40%로 단계적으로 감소하고, 지급연령도 단계적으로 늦추어질 예정이다. 베이비부머의 가장 기초적인 연금인 국민연금이 감소하게 되는 것이다. 베이비부머들은 줄어든 국민연금만큼 자신의 노동을 통해 부족분을 채울 수밖에 없기 때문에 늦은 나이까지 일을 해야 하는 노인들이 계속 증가할 수밖에 없다. 늘어나는 평균수명과 좋은 건강상태도 베이비부머의 노후 노동을 가능하게 할 것이다.

젊은이들의 교육기간과 취업준비기간이 길어지면서 노동참여시기가 늦어지고 퇴직연령이 빨라지는 경향이 있기 때문에 아무리 절약하고 저축한다고 해도 노후 30년을 일하지 않고 먹고살기는 앞으로 힘들 것이다. 노후 30년 동안 일은 하지 않고 여가활동과 취미생활만 하겠다고 노후설계를 하는 사람도 줄어들 것이다. 이제부터는 노후 준비를 위해 저축을 많이 하는 것보다 노후에 할 일과 관련된 기술을 습득하는 것이 더 현명한 선택일 수 있다. 일본에서도 노후준비의 1순위가 노후에도 계속 일을 하는데 필요한 기술을 습득하는 것이라고 한다.

앞으로 퇴직 후 재취업이 어려운 우리사회의 현실을 고려할 때 많은 베이비부머들은 퇴직 후 받은 퇴직금과 일부 부동산을 처분하거나 담보로 하여 자기사업을 시작하려할 것이다. 대부분의 베이비부머들은 직장생활을 하면서 조직생활에는 익숙해 있지만 자기사업은 처음 시작하다 보니 새로운 사업을 하는 위험부담을 줄이기 위해 프랜차이즈 형태의 사업을 하려 할 것이다. 따라서 퇴직자에게 적합한 프랜차이즈사업이 번창할 것이고, 사업경험이 없는 퇴직자의 창업과 재취업을 위한 기술 획득과 경영에 필요한 교육을 담당하는 교육기관과 컨설턴트 산업도 발전할 전망이다. 앞으로 출산율 하락과 높은 교육열로 숙련된 노동자의 공급이 줄어들게 되면 전통산업 유지를 위해서 고령 숙련노동자에 대한 수요가 커질 수밖에 없다. 고령 숙련퇴직자들은 일을 계속 하고자 하는 노동 의지도 크지만, 기업주들도 고령숙련노동자들의 성실성을 알고 있고 저 출산으로 신규노동자의 채용도 쉽지 않기 때문에, 이들에 대한 재고용이 늘어날 전망이다. 대부분의 전통산업은 힘이 들고 돈벌이가 되지 않는다는 이유로 젊은이들이 외면하고 있지만, 퇴직 후에 재취업하려는 베이비부머들이 늘어나면서 이들 전통산업의 명맥도 계속 이어질 전망이다.

4. 베이비부머를 알면 당신의 미래가 보인다

한 국가의 인구구조는 과거 역사적인 사건들을 반영하고 있을 뿐만 아니라, 계속적으로 한 개인의 생존양식에도 중요하게 영향을 미치게 된다. 한국사회의 인구구조도 과거 한국사회의 중요한 역사적 사건들을 반영하고 있을 뿐만 아니라 미래 개인의 생존양식에 중요하게 영향을 미치게 될 것이다. 한국사회의 인구구조가 반영하고 있는 중요한 역사적 사건들을 살펴보자.

먼저 과거 해방 전후의 혼란기(1943~1946년)가 현대 한국사회의 인구구조에 커다란 영향을 미쳤다는 것을 알 수 있다. 과거 한국사회에서는 해방이 이루어지기 직전에 패색이 짙은 일본이 2차 대전을 승리로 이끌기 위해서 수많은 한국의 젊은 남자들을 군인과 노역자로 강제로 징용하여 일본 본토는 물론 태평양 여러 섬 지역으로 보내 전쟁에 참여시켰고, 수많은 젊은이들이 이 전쟁에서 희생되었다. 해방 직후 정권이 수립되기 전 해방공간과 미 군정시기에는 좌·우익간의 이념분쟁이 심해서 좌익과 우익 중 누구도 믿기가 어려울 정도로 사회가 매우 혼란스러웠었다. 이 해방 전후의 혼란기에도 국민들이 임신과 출산을 기피하였다는 것을 인구피라미드를 통해 알 수 있다.

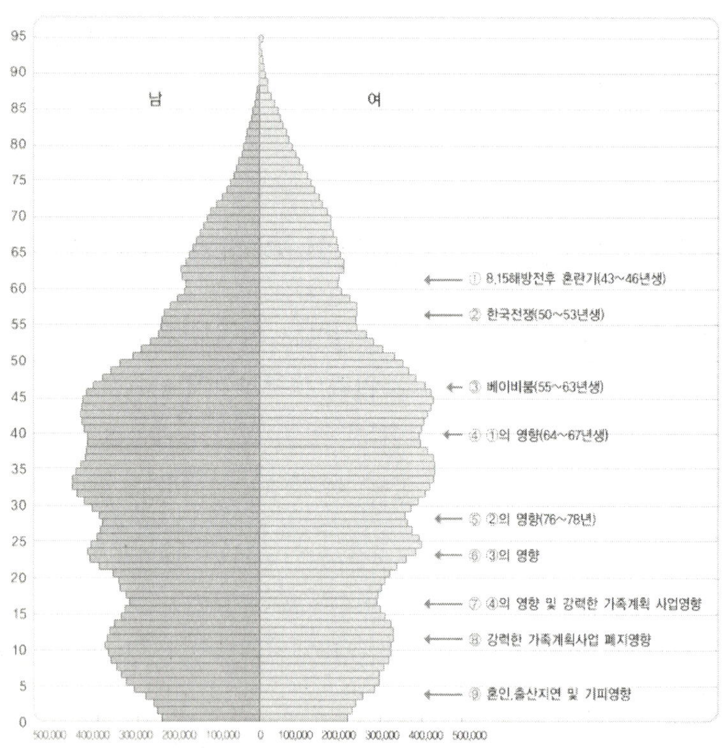

2005년 7월 1일 기준 인구피라미드(통계청, 2005년)

다음으로 1950년부터 1953년까지 3년간 벌어진 남한과 북한간의 민족전쟁인 한국전쟁도 250만 명이라는 엄청난 인적 희생과 전쟁 중 출산기피현상을 가져와 인구를 감소시키는 결과를 가져왔다. 한국전쟁기간(1950~1953년)중에 태어난 출생아수가 현저하게 적다는 것을 인구피라미드를 통해 확인할 수 있다.

한국전쟁이 끝 난 후에는 전쟁 중 미루어 왔던 임신과 출산의 붐이 일어나면서 1955년부터 1963년 사이에 매우 많은 신생아들이 태어났다. 물론 베이비붐은 우리나라에만 있었던 것은 아니다. 미국에서는 2차 대전이 끝난 후인 1946년부터 1964년 사이에 베이비붐이 있었고, 일본에서도 2차 대전 후인 1946년부터 1949년 사이에 단카이세대라고 하는 베이비붐이 있었다. 단카이(團塊)라는 말은 이질성분을 가진 광물 덩어리를 의미하는 것으로 일본 베이비붐세대 구성원들의 특성을 대변하기 위해 지은 것이라고 한다. 우리사회에서 베이비붐세대라는 말이 사람들의 관심을 끌게 된 것은 베이비부머 첫 세대인 1955년생들이 만 55세가 되어 직장에서 정년퇴직을 시작하는 2010년이 가까워지면서 부터였다. 한국의 인구구조에서 가장 많은 출생아수를 가지고 있는 베이비붐세대가 2010년부터 퇴직을 시작하면서 현재 노동력 구조에 영향을 미치고 있고, 이후 10년이 지나면 이들이 65세가 되어 노인인구에 편입되기 시작하면서 노인을 부양해야 할 젊은 경제활동인구의 부담이 커지게 되고, 정부의 사회복지정책에도 커다란 변화가 불가피해진다.

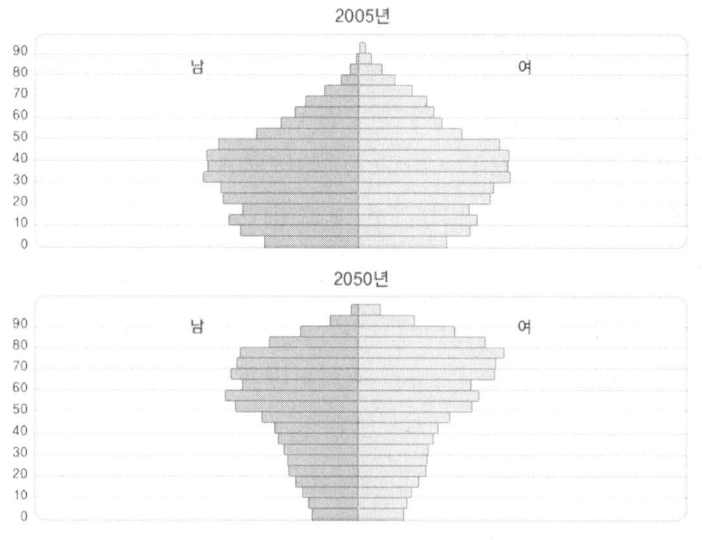

한국의 인구구조(통계청, 2005년)

위의 인구구조 그래프에서 보는 바와 같이, 베이비붐세대가 40대로 경제활동의 주역이었던 2005년만 해도 인구구조가 경제활동인구가 노인인구보다 훨씬 많은 왕관모형을 이루었으나, 2050년이 되면 경제활동인구의 증가에 비해 부양을 받아야 하는 노인인구가 현저하게 증가하는 역 왕관모형으로 바뀔 전망이다.

이러한 변화 추세는 합계출산율의 변화를 통해서도 알 수 있다. 여성이 한평생 낳을 수 있는 아기의 평균 출생아수를 합계출산율이라고 하는데, 1970년 4.53명이던 합계출산율이 1988년 2.1명으로 절반 이하로 줄었다가 인구가 안정화되면서 정부가 방심한 사이 2003년 1.19명으로 인구대체수준인 2명 이하로 떨어졌고, 2010년에는 1.24명으로 줄어들어 여성이 한평생 1명 정도의 아이를 낳는 것으로 나타났다. 2010년 한국보건사회연구원의 결혼과 출산율보고서에 따르면 남성의 경우 초혼연령이 1981년 26.4세에서 2008년 31.4세로 늦추어 졌고, 여성의 경우도 1981년 23.2세에서 2008년 28.3세로 늦추어 졌다고 한다. 결혼은 반드시 해야 하는가에 대한 질문에서도 미혼자의 20.3%와 기혼자의 14.1%만이 그렇다고 동의해 결혼을 꼭 해야 한다는 생각도 높지 않은 것으로 나타났다. 최근 여성의 경제활동 참여율 증가, 높은 사교육비 부담, 독신생활자의 증가, 교육기간과 취업준비기간이 길어지는데 따른 초혼연령의 증가 등으로 출산시기가 지연되는 추세이기 때문에 앞으로도 획기적인 정부의 정책변화가 없는 한 출산율이 크게 증가할 것 같지도 않다. 통계청이 발표한 2012년 장래인구추계보고를 보면, 6월 30일 현재 한국의 총인구수는 5,000만 명을 넘어서서 20~50클럽에 가입했지만, 한시적으로 인구가 증가하다가 출산율 감소로 2045년이 되면 다시 5,000만 명 아래로 감소할 것이라고 한다.

출산율 감소는 고령화와도 밀접한 관련이 있다. 통계청에 의하면, 한국사회는 노인인구의 비율이 2000년 7.2%로 이미 고령화 사회에 접어들었고, 2018년이면 14.3%로 고령사회가 되며, 2026년에는 20.8%가 되어 초 고령사회에 도달하게 될 것이라고 한다. 특히 베이비붐세대가 노인인구에 편입되는 2020년부터는 매년 70~80만 명이 새롭게 노인인구에 편입되게 되어 고령화가 매우 빠르게 진행될 것이다. 한국사회의 고령화 속도는 세계에서 유래를 찾아볼 수 없을 정도로 빠르다. 세계에서 가장 빠르게 고령사회로 진입한 프랑스가 고령화 사회에서 고령사회로 가는데 115

년이 걸린 반면, 우리나라는 고령화 사회에서 고령사회로 가는데 고작 26년밖에 걸리지 않을 전망이다. 이렇게 고령화 속도가 빠르게 진행되는 이유는 출산율 감소로 젊은 사람이 줄어드는 반면, 생활수준 향상과 의료기술의 발달로 사람들의 평균수명이 늘어나 노인인구가 크게 증가하기 때문이다. 한국인의 평균수명은 1970년 61.9세에서 2010년 80.8세로 40년 만에 19세나 늘어났다. 평균수명은 앞으로도 계속 늘어나 2050년이 되면 83.3세가 될 전망이라고 한다. 고령화가 빠르게 진행되고 노인인구의 비중이 커지면 젊은이들의 세금부담률 증가, 경제성장률의 둔화, 연금재정의 고갈, 노인관련 사회문제의 증가 등 부작용도 커질 전망이다.

고령화에 따른 젊은이들의 부담이 얼마나 되는가를 수치화하기 위해 15세 이상 65세 미만의 경제활동인구로 65세 이상 노인인구를 나눈 것을 노인부양비라고 하는데, 한국사회에서 노인부양비가 2005년 12.6%이었지만 2020년에는 21.8%로 높아질 전망이다. 2005년에 9명의 젊은이가 노인 1명을 부양하였다면, 2020년에는 5명의 젊은이가 노인 1명을 부양해야 한다. 앞으로 젊은이들은 노인을 부양하기 위해 노인세대가 부담했던 것보다 훨씬 많은 액수의 연금, 의료비, 복지비 등을 부담해야 한다. 젊은이들의 사회적 노인부양비가 급격히 증가하는 현상을 월스트리트 저널에서는 '고령 쓰나미'라고 표현하였는데, 우리사회도 베이비붐세대가 65세 노인이 되기 시작하는 2020년부터 고령 쓰나미가 닥쳐올 예정이다. 앞으로 한국사회에 밀어닥칠 고령 쓰나미에 대비해서 개인과 국가 어떻게 사전에 대비하느냐에 따라 그 피해정도는 달라질 수 있다.

노인인구의 비중이 높은 일본에서는 이미 2010년 초 주민등록상 100세 이상 노인으로 등록되어 있는 노인들이 이미 사망했거나 주거지를 알 수 없는 사례들이 여럿 밝혀지면서 큰 파문이 일었었다. 일본에서 노인 인구가 많아지면서 가족들이 노령연금을 계속 받기 위해 사망신고를 하지 않은 경우, 인간관계가 소원해지면서 가족 간에도 서로 연락을 취하지 않고 살아 소재를 파악할 수 없는 경우, 고령의 딸이나 며느리가 초 고령의 부모를 돌보지 못해 방치하거나 유기하는 경우 등 고령사회의 후유증이 많이 나타나고 있다. 일본의 이러한 고령사회 후유증은 획기적인 저출산 대책과 고령화대책이 도입되지 않는 한 머지않아 한국사회에서도 나타날 수 있다.

제 3 부
당신의 퇴직준비 잘되고 있나요?

제3부 당신의 퇴직준비 잘되고 있나요?

1. 건강한 퇴직 준비하기

퇴직 후 건강하고 행복한 노후생활을 계속하기 위해서는 적어도 다음 세 가지가 건강해야 한다. 하나는 육체적 건강이요, 둘째는 정신적 건강이고, 셋째는 경제적 건강이다. 그런데 이 세 가지는 어느 날 갑자기 준비될 수 있는 것이 아니라 사전에 미리 준비를 해야 한다.

1) 육체적 건강

노후에 가장 중요한 것은 육체적 건강이다. 돈이나 친구를 잃으면 절반을 잃지만 건강을 잃으면 모든 것을 다 잃는다는 말이 있다. 나이가 들어가면서 자신의 몸을 자신의 의지대로 움직일 수 없을 수도 있다는 것을 새삼 느끼게 될 것이다. 이러한 증상은 나이가 들어가면서 몸 곳곳에서 서서히 나타나기 시작한다. 가끔씩 가족들이 하는 소리를 제대로 알아듣지 못해서 눈만 끔뻑거리고 있고, 조금만 허리 숙여 일을 해도 허리가 끊어지게 아프고, 사람을 만났는데 그 사람의 이름이 가물가물하고, 친구들과 등산이라도 가면 얼마 올라가지 않아서 숨이 차기 시작한다. 이때마다 나이는 속일 수가 없는가보다 하면서 갑자기 서글퍼지기도 할 것이다. 나이가 들면서 병원의 방문 횟수도 점차 늘어나게 된다.

건강하고 행복한 노후생활을 즐기기 위해서는 나이가 들어갈수록 건강을 유지하고 회복하기 위한 투자를 아끼지 말아야 한다. 건강이 악화되는 것을 막고 조기에 주요 질병을 발견하기 위해서 정기건강검진을 받는 것도 매우 중요하다. 우리가 자동차가 새 차 일 때는 몇 년에 한번 씩 정기검사를 받지만 연식이 오래되면 자주 정기검사를 받고 수리를 해야 오래 쓸 수 있는 것처럼, 사람도 나이가 들수록 자주 정기점검과 치료를 받아야 건강하게 오래 살 수 있다. 젊었을 때는 몸에 이상이 생겨야 병원에 가고 치료를 받아도 회복이 빨랐지만, 나이 들어서 몸이 아파 병원에 가면 치료와 회복이 어렵거나 기간이 길어진다. 따라서 나이가 들어가면서는 규칙적인 운동을 통해 건강을 유지하고 정기검진을 통해 이상이 생긴 부분을 조기에 치료해야 한다. 건강에 자신감을 가지고 돈을 아끼려 치료시기를 늦췄다가는 병이 악화되어 오히려 더 큰 돈을 들여 치료를 받아야 할 수도 있다. 나이가 들어 병의 치료시기를 놓치면 돈을 들이고도 치료가 어려워질수도 있다.

다음으로 건강을 위해 잘 먹고 규칙적인 운동을 하는 것도 매우 중요하다. 매일 일정한 거리를 걷는다든가 자전거를 타든가 하면서 규칙적으로 다리운동을 하면서 하체를 단련해야 한다. 나이가 들어가면서 중요해지는 것이 하체의 힘이다. 다리의 근육이 풀리면 걷지를 못하고 몸져누워야 하고 다른 운동도 할 수가 없다. 치매노인도 밖이나 집안에서 하루 일정시간씩 걷기운동을 계속하면 치매의 진행속도를 멈추든가 지체시킬 수 있다고 한다. 우리의 몸은 젊어서는 기(氣)가 주로 다리에 있어 다리를 많이 움직이고 춤을 출 때도 주로 다리를 움직이면서 춤을 춘다. 옛날의 고고춤이 그랬고 오늘날 아이돌가수들도 다리를 현란하게 움직이면서 춤을 춘다. 그러다 40~50대 중년이 되면 기가 허리 주변으로 올라와 허리가 굵어지고 배가 나오면서 춤을 출 때도 팔과 다리를 고정시키고 배와 엉덩이를 전후좌우로 흔들면서 허리춤을 춘다. 60대가 되면 기가 허리에서 어깨로 올라오고 즐거운 일로 춤을 출 때는 주로 어깨춤을 덩실대며 춘다. 70대에 이르면 기가 목까지 올라오며 옛날같이 몸 전체를 움직이지는 못하고 고개를 끄덕이면서 노래를 따라 부른다. 80이 넘으면 이제 기력이 달려 춤은 어렵고 입만 벙긋거리며 노래를 따라 흥얼거린다. 이처럼 우리 몸의 기는 노화가 진행되면서 점차 다리에서 입까지 위로 올라가고 있다. 노화를 지체시키기고 기를 살리기 위해서는 나이가 들수록 하체운동을 많이 해야 한다.

퇴직 후 건강관리에 가장 좋은 방법은 죽는 날까지 열심히 일을 하는 것이다. 일을 하면 아침 일찍 일어나 식사를 하고 출근을 하며 하루를 규칙적인 활동을 하며 지낼 수 있다. 일을 하면 사회관계를 계속 유지할 수 있기 때문에 우울증에 걸리지 않고 젊은 사람들과 소통하기 위해서 젊은 사람들처럼 사고하고 행동하려 노력할 것이다. 서울대 노화고령사회연구소 소장인 박상철

교수가 쓴 '백세인 이야기'를 보아도 전국의 100세 이상의 노인들을 만나 인터뷰를 해본 결과, 이들 대부분은 낙천적인 성격을 가지고 있으며 매일 텃밭을 가꾸거나 집안에서 걸레질을 하는 등 나이가 들어도 일을 계속하고 있다고 한다. 건강관리와 장수를 하기 위해서는 일을 해야 한다.

2) 정신적 건강

육체적 건강 못지않게 중요한 것이 정신적 건강이다. 육체적 상처는 치료를 받으면 곧 정상으로 돌아갈 수 있지만, 마음의 상처는 좀처럼 치유되지 않고 평생 자신을 괴롭히기 쉽다. 마음의 상처는 화(火)를 부르고 화는 몸에 병을 일으켜(禍) 상처로 남게 된다. 얼마 전 한 대학교수로부터 자신이 잘 아는 친척이 대학교수 공채에 응시했다가 합격을 한 상태에서 특정인의 반대 때문에 전임교수로 임명되지 못하였고, 그 사람에 대한 화를 이기지 못하고 계속 스트레스를 받다가 위암에 걸려 죽었다는 이야기를 들었다. 물론 그 사건으로 인한 스트레스로 위암이 발생했는지, 위암이 있었고 그 사건으로 악화되었는지는 알 수 없지만, 그가 죽기 직전에 가족의 주선으로 그 교수와 화해를 위한 자리가 만들어 졌는데 그 교수를 보는 순간 힘없이 침대에 누워 다 죽어가던 사람이 침대를 잡고 힘을 주며 팔을 부르르 떨며 일어나려고 하더라는 것이다. 그 사람으로 인한 마음의 상처가 얼마나 컸는지를 짐작할 수 있다.

얼마 전 헬스장에서 만난 50대 후반의 아저씨는 배 한가운데에 위에서 아래로 꿰맨 커다란 수술자국이 있었다. 수술을 한 이유를 물어보니, 그 아저씨는 회사에서 진급과 관련해 엄청난 스트레스를 받아 위장병이 생겼고, 나중에는 그것이 위암으로 발전하여 위암수술을 받았다고 한다. 세상에서 가장 무서운 질병의 원인 중 하나가 스트레스라는 것을 알게 되었다면서 가능하면 스트레스 받지 말고 살라고 조언을 해주었다. 자신이 운동을 열심히 하고 있는 것도 스트레스를 풀기 위한 하나의 방법이라고 했다.

2010년 8월 안젤리나 졸리가 영화 홍보를 위해 한국에 왔다. 기자회견장에 나타난 그는 예전의 예쁘던 얼굴은 없어지고 삐쩍 마르고 혈관이 드러나는 모습을 하고 있었다. 본인이 직접 이야기는 하지 않았지만, 그는 당시 다른 사람이 자신을 소재로 쓴 책으로 인해 엄청난 스트레스를 받고 있다고 했다. 스트레스가 미인을 말라깽이로 만들어 버린 것이다.

라디오방송에서 한 연사는 스트레스와 집착이 우리 몸에 얼마나 해로운가를 설명하면서 자신이 알고 있는 어떤 한의사의 이야기를 들려주었다. 어느 날 한의사에게 고등학교 친구가 찾아와 바로 갚을 테니 얼마간 돈을 좀 빌려달라고 간절히 사정을 하여, 한의사는 친구의 딱한 사정을 이해하고 5천만 원을 마련하여 빌려주었다고 한다. 그런데 친구는 바로 갚겠다고 빌려간 돈을 몇 년이 지나도 갚을 생각을 하지 않고 있어서 몇 번을 망설이다가 바로 갚아달라고 이야기를 했다고 한다. 그리고 얼마 후 다른 친구를 만났는데, 그 친구는 한의사에게 너는 얼마 되지도 않는 돈을 친구에게 빌려주고 갚으라고 매번 성화냐고 하더라는 것이다. 그게 무슨 소리인가 알아보았더니, 돈을 빌려간 친구가 다른 친구들에게 한의사나 되는 친구가 얼마 되지도 않는 돈을 빌려주고 갚으라고 매번 성화를 한다고 이야기를 하고 다녔다는 것이다. 한의사는 화가 나서 당장 그 친구를 찾아가 자신이 언제 성화를 했는지 따지면서 얼마 되지 않는 돈이라고 했으니 당장 갚으라고 하였다고 한다. 그 친구는 지금은 가진 돈이 없어 갚을 수 없으니 알아서 마음대로 하라고 하더라는 것이다. 한의사는 그날 밤 친구가 괘씸하고 화가 나서 잠을 이룰 수가 없었다고 한다. 다음날부터는 그 친구만 생각하면 머리가 아프고 몸도 피곤하여 식사도 제대로 할 수가 없었다고 한다. 몇일 동안 거의 매일 그 친구와 돈만 생각하면 머리가 아프고 속이 쓰려 가만히 있을 수가 없어서, 다시 그 친구를 찾아가 당장 돈을 갚으라고 하니 그 친구는 이번에는 돈을 못 갚겠으니 법대로 하라고 하더라는 것이다. 화가 난 한의사는 결국 변호사를 사서 재판을 시작하였고, 매일 재판에 대한 생각만 하고 관심을 그쪽에 쏟으니 한의원도 제대로 되지 않았다고 한다. 재판이 진행 중인 어느 날 잠을 자기 위해 자리에 누워있는데 잠은 오지 않고 문득 왜 내가 돈을 빌려주고 돈도 제대로 받지 못하면서 잠도 자지 못하고 몸을 상해야 하는지 화가 나고 자신이 한심스럽게 생각되더라는 것이다. 계속 이러다가는 건강은 물론 모든 것을 다 잃을 것 같다는 생각이 들어 재판을 취소하고 돈도 포기하기로 마음을 먹었다고 한다. 그 순간부터 매일 아프던 머리도 아프지 않았고 그날 밤은 잠도 푹 잘 수 있었다고 한다. 결국 스트레스를 줄이기 위해서는 일상생활에서 사소한 일들에 대한 집착을 버리라는 것이다.

육체적 상처는 약을 쓰든가 수술을 하면 일정시간이 흐른 뒤 회복될 수 있지만, 마음의 상처는 한번 입으면 마음 깊숙이 자리 잡고 일상생활을 하는 동안 수시로 적대감과 섭섭함이 함께 머릿속을 맴돌면서 괴롭힌다. 자신을 공격한 말이나 글을 생각하면 생각할수록 스트레스를 받게 되고 뒷목이 아파오고 혈압이 오른다. 심하면 머리카락이 빠지고 이가 흔들릴 수도 있다. 스트레스가 해소되지 않고 계속되면 속이 쓰리고 위장병으로 발전할 수도 있다. 타인을 비방하기 위해 비판적인 말을 하거나 글을 쓴 사람 자신은 그 사실을 잊었을지 모르지만 당사자에게는 평생 잊지 못할 스트레스로 작용할 수 있다. 때로는 자신을 공격한 사람의 이름을 듣거나 관련된 사람들을 만나기만 해도 스트레스는 극에 달한다. 자신이 건강한 생활을 하기 위해서는 스트레스를 줄이거나 해소해야 한다는 것은 알지만, 실제로 스트레스를 줄이기는 쉽지가 않다. 나름대로 온 정신을 몰두 할 수 있는 다른 일을 하지 않고는 스트레스는 줄어드는 것이 아니라 더 커질 수 있다. 이처럼 정신이 건강하지 못하면 육체적 건강도 위협을 받을 수가 있다. 사람을 비방하는 말이나 글로 마음의 상처를 입었을 때, 이것은 육체적 상처보다 더 크고 오래 남을 수가 있다. 그래서 사람들은 원한은 죽을 때까지 잊을 수가 없다고들 한다.

필자도 대학 교수공채에 응시하였다가 20여년을 알고 지내던 사람들로부터 배신과 글을 통한 공격을 당한 적이 있다. 이들 중 한 사람은 합격을 무산시키기 위해 개인 신상정보를 무단 변조하여 자신들만의 통신망을 통해 공개하는가 하면, 공문서를 통해 당신은 원래 명예가 없었던 사람이라고 공격하고 나서기까지 하였다. 다른 한 사람은 필자가 박사학위 이후 발표한 논문들을 모아 만든 책을 읽고 비평까지 했던 사람이 다른 사람들에게는 그 사람은 박사학위 이후 전공 관련 연구를 전혀 하지 않았다는 말을 하고 다니는가 하면, 얼굴도 못 본 필자를 만났다는 유령 같은 이야기를 하고 다니기도 하였다. 특히 그가 과거 교육자로서 위기상황에 처해있을 때 도움을 주었는데도 그런 말을 하고 다닐 때는 정말 참기가 힘들었다. 당시 마음 같아서는 명예훼손으로 모두 고소하고 싶었지만, 스트레스를 계속 이어가고 싶지 않아 고소를 하지 않았다. 그때의 스트레스로 고혈압과 위장병이 생겼으며, 머리가 빠지고 어금니까지 발치까지 해야 했다. 원래 배신은 가까운 사람으로 부터 당하는 것이며, 그렇기 때문에 더 서운한 것이라고 한다. 스트레스가 정신적 건강 뿐만 아니라 육체적 건강까지도 해칠 수 있다는 것을 뼈저리게 경험한 사건이었다.

정신건강을 유지하는데 가장 중요한 것이 스트레스 관리라고 한다. 스트레스를 관리하기 위해서는 자신의 일을 하며 너무 조급해하지 말고 인생의 속도를 조금 늦추어서 생각해보라고 한다. 오늘 자정까지만 자신이 살 수 있다고 생각하고 죽음을 앞둔 나에게 그것이 그렇게 중요한 일인가를 한번 생각해 보라는 것이다. 죽음 앞에서도 꼭 해결해야 할 문제라면 정말 중요한 문제임에 틀림없다. 그렇지 않다면 포기하고 집착을 버리라고 한다. 특히 과거에 대한 집착은 후회와 원망을 가져오고 스트레스를 자신 속에 계속 잡아두는 것이 된다. 스트레스를 제공한 그들은 아무 생각 없이 잘 지내고 있는데, 자신은 과거에 사로 잡혀 나쁜 기억으로 머리를 채우면 한 걸음도 앞으로 나갈 수가 없다. 과거는 이미 지나간 일이지만, 현재는 신이 자신에게 준 선물이라고 한다. 과거에 대한 미련으로 현재를 제대로 관리하지 않으면 자신의 미래도 없다. 미래는 현재를 어떻게 관리하느냐에 따라 어떻게 전개될지 모르는 신비의 세계라고 한다. 그리고 현재는 신이 나에게 준 선물이기 때문에 영어로 선물과 같은 present로 표현한다고 한다. 현재를 열심히 살아야 한다.

3) 경제적 건강

조직사회에서 자신이 고용주가 아니라 피고용자라면 퇴직제도가 남아 있는 한 퇴직을 위한 준비를 평소에 하고 있어야 한다. 통계청 발표에 의하면, 2009년 우리나라 노인들의 70%는 노후대비를 전혀 하지 않은 것으로 나타났다. 노후준비를 하고 있다고 하는 사람들도 노후에 대한 불안감을 가지고 있기는 마찬가지다. 그래도 지금의 노인들은 적은 액수이지만 국민연금과 노령연금을 받을 수 있고, 자식들인 베이비부머들이 당연히 자신들이 부모를 부양해야 하는 것으로 알고 있기 때문에 의지할 곳이라도 있다. 그러나 지금의 베이비부머들은 자신들은 부모를 부양하지만 자식들로부터는 부양을 받을 가능성이 높지가 않다. 이들은 부모를 부양하고 자식을 교육시키면서 동시에 자신들의 노후 준비도 해야 하는 부담을 안고 살아가고 있다. 지금의 베이비부머들이 노후대책 자금을 마련하고 있는 주요 수단은 저축, 개인연금, 국민연금, 부동산 임대수수료, 퇴직금, 펀드, 주식 등인 것으로 나타났다. 이들이 택한 노후대책수단의 안정성에 대해 알아보자.

많은 베이비부머들은 매월 저축을 해서 목돈을 만들어 은행에 예치하고 노후에는 그 이자나 받으면서 생활하겠다는 생각들을 가지고 있다. 그러면 얼마를 저축해야 그 이자로 노후생활이 가능할까? 매스컴과 젊은이들 사이에서는 노후자금으로 5억 또는 10억은 있어야 한다며, 그것을 모으기 위한 방법에 대한 논의가 한창이다. 그러나 실제로는 이만한 자금을 마련하기도 쉽지 않거니와, 설령 나중에 이 돈을 모았다 해도 생활에 크게 도움이 될 수 있는지는 의문이다. 내가 아는 어떤 분은 젊어서부터 월급의 상당부분에 해당하는 돈을 퇴직 후 생활자금으로 쓰기 위해 당시 사람들에게 많이 알려졌던 금융상품에 가입하여 매월 저축을 해왔다. 당시의 생활에는 부담이 되었지만, 퇴직 후 억대부자가 될 수 있을 것이라는 꿈을 가지고 열심히 저축을 하였다고 한다. 그런데 퇴직 후에 확인해보니 원금은 그대로 두고 이자만으로도 노후생활이 가능할 것이라던 예측이 빗나가고 말았다. 외환위기 이전까지만 해도 시중금리가 15% 전후가 되었으니 그 예측이 가능했을지 모르지만, 요즘에는 시중금리가 5% 전후로 급속하게 하락했기 때문에 불가능하게 되었다. 1억 원을 정기예금으로 예치하면 세금을 떼고 30만원 전후밖에 이자를 받을 수 없다는 이야기다. 20여 년 동안 1억 원이라는 큰돈을 모았지만, 이제 그 이자로는 매월 아파트관리비 내기도 힘들게 되었다. 돈을 은행에 장기간 맡기다보니 그동안 물가가 너무 올라서 돈의 가치와 구매력이 떨어졌기 때문이다. 그 동안 1억 원을 모으기 위해 그분은 먹을 것과 입을 것을 줄이며 모았지만, 이제 여기서 나오는 이자로는 생활이 불가능할 뿐만 아니라 원금마저 헐어야 할 판이다. 그 동안 저축한 돈의 실질수익률은 물가상승률을 고려하면 마이너스가 난 것이다. 그렇다고 언제 죽을지도 모르면서 원금을 계속 헐어 쓸 수도 없기 때문에 계속 궁핍한 생활을 할 수 밖에 없게 되었다. 약간의 차이는 있겠지만, 앞으로도 저금리 추세가 계속될 것이기 때문에 장기저축을 통한 노후준비는 안정적인 노후대책이 되지 못할 것 같다. 그리고 저축으로 목돈을 마련하였다고 해도 자신이 목돈을 가지고 있으면서 경제적으로 어려움을 겪고 있는 자녀들의 원조 요청을 무할 수가 없을 것이다. 자신이 치매나 뇌졸중 등 노인성 질환에 걸리는 경우에는 통장을 스스로 관리하기가 힘들다는 문제점도 있다.

다음으로 많은 사람들이 선호하는 노후대책은 부동산 취득을 통해 노후준비를 하는 것이다. 사람들의 기대와는 다르게 금융전문가들은 노후를 위해 부동산에 투자한다는 것은 매우 위험한 생각이라고 한다. 통계개발원이 발표한 '2009 한국의 사회동향' 보고서에 따르면 2006년 기준 부채를 제외한 한국 가구의 평균 총자산보유액(2억8천112만원) 중 부동산 보유액이 2억 1천 604만원으로 76.8%를 차지한다고 한다. 가구주 연령이 높을수록 부동산 자산 보유비중도 높은 것으로 나타났다. 이는 부동산보유액이 평균 60%대인 일본, 미국, 캐나다 등에 비해 월등히 높은 수준이다. 한국인, 특히 나이 든 사람들은 부동산 자산을 매우 선호한다는 것은 잘 알려진 사실이다. 오랜 경험으로부터 부동산 불패의 신화를 믿고 투자를 했다가 노후에 가지고 있던 부동산을 처분하거나 임대하여 그 수입으로 생활하려는 사람들이 많기 때문이다. 노후에 소득이 줄어들어 큰 집의 관리가 부담이 되면 큰 집을 처분하여 교외의 작은 집으로 이사하고, 그 차액으로 생활을 할 계획을 하고 있는 사람들이 많다는 이야기다. 그런데 같은 문화권에서 비슷한 시기에 태어난 대부분의 베이비부머들은 비슷한 생각들을 가지고 있다는데 문제가 있다. 실제로 이들 세대들이 경제활동을 시작하고 결혼 적령기가 되었을 때와 중간관리자가 되어 더 큰 집을 선호하기 시작했을 때, 우리사회의 주택수요가 폭발적으로 증가하여 주택가격이 폭등하였던 적이 있다. 그리고 이들이 정년퇴직 무렵이면 자녀들이 학업, 직장, 결혼 등을 위해 집을 떠나게 되면서 큰 집은 부부만이 기거하는 빈 둥지가 되고, 중·대형아파트는 퇴직 후 정기적인 수입이 줄어들면서 퇴직금이나 연금을 까먹는 괴물로 전락하여 부담이 되게 된다. 그렇게 되면 퇴직 후 집의 관리비용을 줄이면서 가족 수에 적합한 작은 공간으로 옮기기 위해 중·대형아파트를 처분하려는 베이비부머가 많이 늘어나게 될 것이다. 이때 주택수요가 이를 받아주지 못하면 주택가격은 떨어지게 된다. 실제로도 베이비부머들이 퇴직을 시작한 2010년부터 수도권지역에서 중·대형아파트를 중심으로 주택가격이 떨어지기 시작하고 있다. 당분간 이들의 퇴직이 계속되고 노후 생활을 위해 그동안 키워왔던 중·대형 부동산을 처분하려 하겠지만, 매물을 받아줄 젊은 세대는 저 출산으로 인구수가 줄어들어 물량을 소화할 여력이 부족할 뿐만 아니라 그동안 오를 대로 오른 부동산을 살 구매여력을 가진 사람도 많지 않아, 당분간 이들 부동산 가격의 하락이 지속될 전망이다. 이들 아파트를 사려고 했던 사람들도 부동산 하락 장세에서는 더 떨어질 때를 기다리고 사려고 하지를 않는다. 우리보다 먼저 베이비붐세대가 퇴직을 시작한 일본의 부동산가격 하락현상이 남의 일만은 아닐 것이다. 일본에서는 현재 대도시 인근 신도시에 집을 샀다가 부동산가격 폭락으로 자산의 상당부분을 잃은 신 빈곤층들이 계속 늘고 있다고 한다. 대부분의 자산을 투입해 아파트를 샀는데 가격이 절반이상 떨어져 부동산 가치보다 갚아야 할 대출금이 더 많은 사례가 빈번하다는 것이다. 도쿄 인근의 10년 이상 된 신도시 아파트들은 가격이 정점에 이른 20년 전보다 60~70%정도 하락하였다고 한다. 우리나라도 대형아파트의 경우 2006년 아파트 가격이 최고점에 이른 후 계속 하락하고 있다. 최근 수도권에서는 새집을 사고 입주하려고 해도 기존 집이 팔리지 않아 이사를 하지 못하는 사례가 빈번하며, 신도시에서는 집값이 대출금보다 더 떨어지는 깡통아파트가 나올 가능성이 있다고 한다. 평생의 노력으로 집 1채를 마련한 중산층에게 집값 하락은 곧 신 빈곤층으로의 전락을 의미한다. 부동산으로 노후를 준비하였다가는 갑자기 중병을 앓게 되어 목돈이 필요해졌을 때 부동산을 처분하여 돈을 마련하려고 하지만, 바로 매각이 되지 않으면 경제적 어려움을 겪을 수도 있다. 결국 부동산 보유를 통해 노후를 준비하려는 노후계획도 위험에 처할 수 있다는 이야기다.

부동산 임대수익으로 노후생활을 하기 위해 부동산을 구입한 경우에도 마찬가지의 위험에 처할 수 있다. 앞으로 저 출산 추세가 지속되어 젊은이가 줄어들면 주택 임대수요도 줄어들게 된다. 반대로 주택 임대가격이 비싸지면 젊은이들은 도시의 전셋돈이면 교외에서 전원주택을 구입할 수 있기 때문에 복잡한 도시를 떠나 교외로 나가려 할 것이다. 주택 수요에 비해 공급량이 많으면 주택가격 뿐만 아니라 임대가격도 하락하게 되어 있다. 미국과 일본과 같은 선진국들의 주택가격 하락도 베이비붐세대들이 퇴직하기 시작한 직후에 나타난 현상이라고 한다. 결국 고령화 속도가 세계에서 가장 빠른 우리나라에서 부동산 투자수입이나 임대수입을 통한 노후대책도 안전하다고 할 수가 없다. 결국 퇴직이 가까워질수록 자산에서 부동산의 비중을 점차 줄이는 자산재분배전략이 필요하다고 할 수 있다.

다음으로 많은 사람들이 노후대책으로 생각하고 있는 것이 일을 할 때 매월 일정액을 적립하였다가 퇴직 후 매월 일정액을 받을 수 있는 연금이다. 우리나라의 연금제도는 크게 공적연금과 사적연금으로 나뉠 수 있는데, 공적연금에는 국민연금과 직역연금(공무원연금, 군인연금과 사립학교교직원연금)이 있으며 사적연금에는 기업연금과 개인연금이 있다.

공적연금은 국민의 노후를 보장할 가장 기초가 되는 연금제도로, 우리나라의 모든 국민은 국민연금이나 직역연금 중 하나에 가입하도록 되어 있다. 그런데 사회가 고령화되고 저출산 사회가 되면서 공적연금 제도에도 여러가지 문제가 발생하고 있다. 대부분의 복지국가들이 고령사회가 되면서 복지비 지출은 늘어나고 저출산으로 복지비를 부담할 인구가 감소하면서 복지재정이 고갈될 위기에 처해있게 된 것이다. 일부 국가들은 늘어난 복지지출로 국가재정이 어려워지면서 복지정책에 대한 전면적 수정을 실시하기 시작하였다. 1980년대 이후 신자유주의의 등장과 함께 영국은 대처총리가 집권하면서 과거 노동당시절 늘어난 복지지출로 국가경제가 어렵게 되자 복지지출을 대폭 삭감하고 복지정책의 민영화를 적극 추진하였다. 미국에서도 레이건 집권 후 복지비 지출을 줄이기 위해 복지정책의 민영화를 추진하였다. 우리나라도 고령화와 저 출산사회가 세계에서 유래가 없을 정도로 빠르게 진행되면서 2047년이면 국민연금이 고갈될지도 모른다고 우려하고 있다. 해결 방법은 젊은 세대에게 연금보험료의 부담을 더 지우든가 노인세대의 연금지급액을 줄이는 것이다. 우리나라는 연금보험료는 현 수준을 유지하되 2018년부터 연차적으로 연금수령액을 줄이는 방법으로 공적연금 문제를 해결하기로 하였다. 이처럼 공적연금도 취약성을 가지고 있으며 이를 보완할 수 있는 것이 사적연금이다.

사적 연금에는 기업연금과 개인연금이 있으며, 기업연금에는 퇴직금 또는 퇴직연금이 있다. 우리나라는 퇴직금제도를 법으로 정해 1년 이상 근무한 근로자가 퇴직할 때는 일정액을 일시에 지급해 왔다. 그런데 퇴직금제도는 기업이 일정액을 적립하였다가 퇴직 근로자에게 지급하도록 되어 있었기 때문에 기업이 도산을 하면 퇴직금을 받을 수가 없다는 문제가 있었다. 외환위기 이후 많은 기업들이 도산하면서 퇴직금을 받지 못한 근로자가 많아 사회문제가 되면서 2005년부터 퇴직연금제도를 도입하였다. 퇴직연금제도는 퇴직자를 위해 일정금액을 기업이 아닌 금융권에 예치하였다가 퇴직 후 일정기간 연금형태로 지불하는 제도이기 때문에 기업이 도산하더라도 노후에 연금을 수령할 수가 있어 노후 대책으로 도움이 된다.

목돈 마련을 위해 젊어서는 은행예금보다 위험성이 높더라도 수익률이 높은 주식이나 펀드에 투자하는 것이 유리할 수 있다. 주식이나 펀드는 국내·외의 경기변화에 따라 부침을 계속하기 때문에 주식투자를 통해 돈을 벌수도 있지만 원금까지 다 날릴 수가 있다. 주식이나 펀드 투자를 위해서는 경제에 대한 풍부한 지식과 세계 경제의 흐름을 읽을 수 있는 안목이 있어야 한다. 조직사회에 몸담고 있을 때는 여러 정보원으로부터 다양한 정보를 신속하게 전달받을 수 있지만, 퇴직 후에는 대부분의 정보원이 차단되고 오직 신문과 TV를 통해 세상과 소통해야 하기 때문에 다른 사람들에 비해 정보전에서 뒤질 수밖에 없다. 설령 좋은 정보를 얻었다 할지라도 나이가 들면 사람이 소심해지고 판단력이 흐려져 주식투자를 통해 큰돈을 벌기란 쉽지 않다. 그리고 나이 들어 주식에 많은 돈을 넣었을 경우, 갑자기 목돈이 필요해졌을 때 주식 시장이 좋으면 다행이지만, 좋지 않은 경우에도 원금을 손해 보면서 주식을 처분해야 하는 상황이 올 수도 있다. 젊어서야 주식투자에 손실을 입어도 시간을 두고 복구하면 그만이지만, 나이 들어서는 한번 투자에 실패하면 복구하기가 쉽지 않다. 따라서 노후 준비를 위해서는 주식과 같이 위험성이 높은 곳에 투자하기 보다는 은행이나 보험회사와 같이 수익성이 좀 낮더라도 안정성이 높은 곳에 돈을 맡겨야 노후에 돈이 필요할 때 바로 찾아 쓸 수가 있다.

따라서 현재로서는 경기에 민감하지도 않고 관리에 어려움 없이 매월 일정액을 생활비로 수령할 수 있는 연금이 노후 대책으로 가장 바람직한 수단이라고 할 수 있다. 연금은 젊어서 보험료를 낼 때는 부담이 되지만 노후에는 매월 일정액을 지불받기 때문에 자녀보다 더 의지가 될 수 있다. 그렇지만 노후 생활의 마지막 보루인 연금도 저출산 고령화 사회가 되면서 갈수록 부실해 지고 있다. 최근에는 우리사회에 정규직보다 비정규직이 더 빠르게 늘어나면서 연금을 받지 못하는 사람들도 늘어나고 있다. 앞으로의 노후 생활정도는 연금을 받는 사람과 연금을 받지 못하는 사람으로 양극화될 가능성이 높다. 그러므로 노후대책으로 노후를 전적으로 연금 등에 의존해 무위도식하면서 보내려고 하기보다는 자신의 건강상태와 늘어난 수명 등을 고려하여 일을 하면서 경제문제도 해결하고 삶의 보람도 찾는 길을 찾아야 할 것이다.

2. 노후설계는 단계적으로

인생의 멋진 마무리를 위해서 퇴직 후의 생활설계는 적어도 두 단계로 나누어 준비해야 한다. 구분기준은 연구자에 따라 차이가 있겠지만, 퇴직 후에도 경제활동이 가능한 경제 활동기와 경제활동이 불가능하고 가족의 보살핌이 절대적으로 필요한 간병기로 나눌 수 있다. 경제 활동기는 퇴직 후에도 퇴직 전만은 못하지만 왕성하게 경제활동을 할 수 있는 시기이다. 사람에 따라 건강상태가 다르기 때문에 연령적으로 몇 살까지라고 정확하게 못 박을 수는 없겠지만, 2010년 우리국민 평균수명이 80.8세라는 것을 고려해보면 75세까지가 적당할 것 같다. 간병기는 신체의 기능이 현저하게 떨어져서 타인의 도움이 없이 혼자서는 신체활동이 어렵고 심할 경우에는 병원에 입원하여 간병을 필요로 하는 시기로 대략 76세 이후라고 볼 수 있다. 경제 활동기에는 건강이 젊었을 때만은 못하지만 경제활동을 퇴직 전과 같이 지속적으로 할 수 있는 시기이다. 퇴직 후 처음에 대부분의 사람들은 자신의 과거에 대한 회상에 빠지게 된다. 지금까지 나는 인생을 제대로 살아온 것인가, 앞으로 남은 인생을 어떻게 살 것인가, 지금 내가 소유하고 있는 재산은 얼마나 되는가 등을 생각해보게 된다. 지금까지의 인생에 아쉬움이 남는 사람도 있을 것이고, 살아온 인생에 나름대로 만족을 하는 사람들도 있을 것이다. 많은 사람들은 지금까지 살아온 자신의 인생에 아쉬움을 갖게 될 것이다. 그러나 아쉬워하기에는 너무 이르다. 인생은 아직 끝나지 않았다. 인생에 대한 최종 평가는 한 사람이 생을 마감한 후 후대에 의해 이루어진다. 인생의 아름다운 마무리를 위해서, 지금과 같은 아쉬움을 줄이기 위해서, 그리고 남은 인생을 보람 되게 살기 위해서는 퇴직 후에도 일을 계속 해야 한다. 특히 남자의 경우에는 퇴직 후에도 일을 계속해야 한다. 여자와 달리 남자는 퇴직과 함께 친구관계가 끊어지고 외톨이가 되기 쉽다. 여자들은 천성적으로 인간관계를 잘 하기 때문에 퇴직과 관계없이 자기 주변의 사람들을 친구로 만들 수 있지만, 남자들은 일과 관련하여 사람들을 주로 만나기 때문에 퇴직과 함께 친구들로부터 멀어져 외톨이가 된다. 남자들이 일생동안 만나온 대부분의 사람들은 일과 관련하여 직업적으로 만난 사람들이기 때문에 일을 그만 두는 순간 사람들로부터 점차 멀어지게 된다.

많은 사람들이 상상하는 것과 같이 퇴직 후에는 취미생활이나 하면서 여생을 보내겠는 환상에 빠져서도 안된다. 사람들이 꿈꾸는 취미생활과 여행을 하면서 노년을 보내겠다는 생각은 대부분 은퇴를 상품으로 팔기위해 상업적으로 만들어진 환상일 뿐이다. 경제적 여유가 있다고 하더라도 퇴직 후 노년에 대한 환상에 빠져서 일을 하지 않고 있으면 대인관계가 끊어져 외롭기도 하고 자기관리에 소홀해져 건강을 해칠 수도 있다. 퇴직하기에는 너무 젊어보이던 사람이 퇴직 후 갑자기 늙어 보이거나 건강이 나빠지는 것도 이런 이유 때문이다.

따라서 퇴직 후에 우선적으로 고려해야 할 것은 일을 그만두려하기 보다는 자신의 생체리듬에 맞는 일을 새롭게 찾거나 하던 일을 재 정렬하는 것이다. 퇴직 전에는 직장에서 따돌림을 당할까봐 다른 사람들에게 내색은 하지 않았지만, 나이가 들어가면서 기억력이 예전만 못하다는 것을 스스로 느꼈을 것이다. 힘을 쓰는 일을 할 때는 예전과 달리 힘에 부친다는 생각도 하였을 것이다. 퇴직 후에도 전처럼 의욕만 가지고 자신의 나이를 의식하지 않고 남들처럼 일을 할 수는 없다. 퇴직 후에는 자산의 생체리듬에 맞게 하던 일을 재정열 해야 한다. 재정열은 퇴직 전에 해오던 일을 자신의 능력에 맞게 일부 수정하여 계속할 수도 있지만, 일생동안 종사해온 일과 전혀 다른 분야에서 새롭게 시작할 수도 있다. 중요한 것은 퇴직 후에도 일을 계속한다는 것이다. 정규적인 일이 아니라 시간제 일일지라도 일을 계속하는 것이 정신적 육체적 건강을 위해서 매우 중요하다. 아침에 일어나 매일 갈 곳이 없고 할 일이 없다면 외로움과 허전함으로 우울증에 걸릴 수도 있다. 매일 할 일이 있으면 아침에 일찍 일어나게 되고 규칙적으로 식사를 하게 된다. 퇴직 후에는 규칙적으로 먹고 활동하는 것만으로도 건강에 큰 도움이 된다.

퇴직을 했다고 해서 사람의 노동능력이 하루아침에 없어지는 것도 아니다. 우리 몸은 움직여야 정상적으로 작동한다. 움직이지 않고 있으면 몸이 굳고 탈이 날 수도 있다. 우리가 살아있다는 것은 움직임으로 알 수 있다. 움직이지 않는 것은 죽은 것이나 다름없다. 살아있는 한 노동은 계속 되어야 하고, 노동한다는 것은 자신이 살아있다는 증표이기도 하다. 일을 하되 지금까지 쌓아온 자신의 경험과 재능을 발휘할 수 있는 일을 찾는 것이 현명하다. 퇴직 전까지 오랫동안 해온 일은 몸에도 배어 있고 자신에게 적합한 일이라고 할 수 있다. 그 일이 자신에게 전혀 적합하지 않았다면 아마 벌써 그만두고 다른 일을 했을 것이기 때문이다. 자신이 하는 일은 어려워 보이고 남들이 하는 일은 쉬워 보일 수도 있지만, 자세히 내막을 들여다보면 세상에 쉬운 일이란 없다. 그래도 자신이 잘 할 수 있는 일은 오랫동안 자신이 해왔던 일이다. 따라서 지금까지와는 전혀 다른 생소한 일을 하려고 하기 보다는 지금까지 쌓아온 경험을 살릴 수 있는 일을 찾아보는 것이 더 현명할 것이다.

정년퇴직을 하고나면 주변사람들이 퇴직도 했으니 이제 그만 쉬라고 하겠지만, 정년은 일의 끝을 말하는 것이 아니라 신체노화에 따라 변화된 생체리듬에 적합한 새로운 일을 시작하는 시점이라고 생각해야 한다. 사람들에게 많은 즐거움과 감동을 주었던 운동선수들도 종목에 따라 다르기는 하지만 대개 30대가 넘으면 은퇴를 결정한다. 이들의 은퇴 시기는 자신의 운동에 필요한 에너지를 자신의 신체에너지로 감당할 수 없을 때이다. 박지성과 이영표가 국가대표 축구선수에서 은퇴했다고 해서 그들이 앞으로는 축구를 하지 않을 것이라고 생각하는 사람은 아마 거의 없을 것이다. 단지 국가대표 축구선수에서 물러났을 뿐 현재 세계적인 유명 축구클럽선수로 활동하고 있다. 앞으로 나이가 들어서도 축구와 관련된 어떤 일들을 하게 될 것이다. 일반인들의 은퇴도 마찬가지로 생각해야 한다. 운동선수들은 일반인보다 많은 체력을 필요로 하는 일들을 하기 때문에 일찍 은퇴할 뿐이고, 일반인은 운동선수들보다 체력을 덜 필요로 하는 일을 하기 때문에 조금 늦게 은퇴할 뿐이다. 은퇴를 끝이라고 생각하는 사람은 은퇴라는 말만 들어도 힘이 쭉 빠지고 이제 죽음을 준비해야 하나 하는 쓸쓸함이 밀려올 것이다. 동시에 인생의 허무함과 지금까지의 삶에 대한 후회가 밀려올 것이다. 과연 은퇴는 인생의 끝인가? 그러나 아직도 인생의 절반이나 남았다. 퇴직시점에서 필요한 것은 미래에 대한 두려움이나 과거에 대한 후회가 아니라 이제 어떻게 인생의 후반부를 후회 없이 멋지게 살 것인가를 고민하는 것이다. 죽어서 자신의 상가를 찾아온 사람들이 저 사람 참 아까운 사람인데 벌써 갔어 라고 안타까워 할 정도로 후반부 인생을 멋지게 살아야 한다. 지금까지는 자신이 하는 일에 설령 불만이 있었다 할지라도 가족을 생각해서 그만둘 수가 없었을 것이다. 퇴직 후에는 일을 억지로 하라는 것이 아니라 자신의 신체리듬에 적합한 자신이 좋아하는 일을 스스로 결정해서 해야 한다. 우리의 과거세대는 취미생활과 자원봉사를 중심으로 노후설계를 하여도 퇴직 후 몇 년 후면 생을 마감하였기 때문에 문제가 되지 않았다. 하지만 오늘날의 퇴직자들은 퇴직 후의 기간이 길기 때문에 일을 하면서 취미생활과 자원봉사도 함께할 수 있는 노후설계를 해야 한다. 퇴직 후 일을 그만둔다는 것은 자신이 일생동안 쌓아온 지식, 기술, 경험을 사장시키는 것과 같다. 비록 큰돈이 되지는 않을 지라도 사회로부터 얻은 자신의 경험을 사회에 환원한다는 의미에서도 일을 계속 할 필요가 있다. 그리고 나머지 시간을 퇴직 전에 구상했던 취미생활이라든가 자원봉사 활동 등에 쓸 수도 있다.

이러한 경제 활동기는 다시 활동에 아무런 지장이 없는 60~70세 시기와 점차 활동에 어려움을 겪기 시작하는 70~75세 시기로 나누어 볼 필요가 있다. 60~70세에는 퇴직 전과 다를 바 없이 신체활동이 가능하기 때문에 자신의 제 2 직업뿐만 아니라 퇴직 전 젊어서 일을 하느라 미루어 왔던 취미생활, 문화생활, 국·내외 여행 등을 왕성하게 해볼 수는 마지막 시기이다. 이런 활동들은 이때 해보지 못하면 자신의 생애에서는 영원히 할 수가 없을 수도 있다. 노후 생활비가 가장 많이 들어가는 시기가 바로 이 시기이다. 70~75세 시기는 신체활동이 예전과 같지 않아 병원 방문횟수가 점차 늘어나는 시기이다. 이때부터는 여행도 장거리 해외여행보다는 단거리 국내여행 위주로 돌리고, 취미활동과 문화활동도 신체리듬에 맞게 줄여가야 한다. 신체활동이 줄어든 만큼 소유한 자동차도 소형차로 바꾸고 활동비도 점차 줄여가야 한다. 몸이 예전과 같지 않아 병원 방문횟수가 늘어나면서 의료비가 점차 증가하기 때문이다.

다음으로 간병기인 76세 이후가 되면, 상당수의 노인들이 노화에 따라 신체활동이 불편해지거나 치매, 뇌졸중 같은 노인성질환으로 혼자 활동하기가 어렵게 되고 타인의 간병을 필요로 한다. 노인성 질환은 회복이 더디거나 불가능하기 때문에 입원기간이 길어지고 병원비가 많이 들어 은퇴자금이 부족할 경우 경제적인 어려움을 겪을 수도 있다. 이때 가장 중요한 것이 가족들의 유대와 보살핌이다. 실제 노인들의 노후 생활만족도 조사결과 생활만족도에 가장 중요하게 영향을 미치는 요인은 경제적인 요인이 아니라 가족 간의 유대정도인 것으로 나타났다. 경제적인 어려움이 있더라도 가족들의 보살핌이 많은 노인일수록 생활만족도가 높다는 것이다. 경제활동을 할 수 있을 때 간병기의 노인성 질환을 대비한 경제적인 준비를 하는 것도 중요하지만, 가족들과 화목하게 지내면서 가족 간 유대감을 쌓는 것이 행복하고 아름다운 인생의 마무리를 위해서 매우 중요하다. 가족 간의 유대감은 어느 날 갑자기 쌓이는 것이 아니라 평소 가족 간에 자주 소통하면서 쌓아두어야 한다.

76세 이후에는 체력이 현저하게 떨어지기 때문에 대부분의 시간을 건강을 위한 활동에 투자해야 한다. 이때부터는 육체적 활동이 현저하게 줄어들기 때문에 자가용을 처분하고 가능하면 의료기관의 접근이 용이한 곳에 거주하는 것이 좋다. 전원생활을 하는 사람들은 전원생활을 마감하고 병원이 가까운 곳에 조그만 주거공간을 마련할 필요가 있다. 오늘날의 장수촌은 물 맑고 공기 좋은 곳보다는 병원이 가깝고 주거공간이 편리한 곳이라는 것을 참고할 필요가 있다.

3. 절반의 퇴직

퇴직 후에는 직업을 잃었다는 것에 대해 아쉬워하는 사람도 있을 것이고, 마침내 자유를 얻었다고 좋아할 사람도 있을 것이다. 퇴직 후에도 일을 계속할 것인가, 영원히 은퇴를 할 것인가의 여부는 개인의 의지 외에 외적인 요인의 영향을 많이 받는다. 특히 성별, 건강상태, 종교, 경제상황, 교육수준 등이 퇴직 후 일을 하는데 중요하게 영향을 미치게 된다.

우선 퇴직 후에도 일을 계속 해야 한다는 압력은 남성이 여성보다 더 많이 받게 된다. 퇴직 후 여성이 전업주부로 남는 것은 당연한 것으로 받아들여지지만, 남성이 할 일 없이 집에만 있게 되면 주변사람들로부터 무능한 남편으로 낙인찍힐 수가 있다. 이런 심리적 압박 때문에 남성들은 퇴직 후에도 새로운 일자리를 찾아 나설 가능성이 크다. 신체적으로 아주 건강한 사람이 퇴직 후에 하는 일 없이 집에 하루 종일 머물러 있으면 역시 주변사람들로부터 비난받을 가능성이 크다. 그리고 젊어서 경제활동을 할 때 노후를 위해 축적한 재산이 많지 않아 가정경제가 궁핍한 상태에서 퇴직 했다고 돈을 벌 생각을 하지 않고 집에만 있다면 역시 주변사람들의 비난을 면치 못한다. 이런 외적 요인들도 개인이 퇴직 후 일을 해야 할 지 말아야 할 지를 결정하는 데 중요하게 영향을 미치게 된다. 그 중에서도 남성에게는 외적 압력이 가혹하게 작용을 하게 된다.

이런 외적 압력에도 불구하고 퇴직 했으니 일을 하지 않고 집에만 있겠다고 하는 것은 지금부터 주변사람들의 눈총을 무시하고 집안에서 홀로 서서히 죽어가겠다는 것과 같다. 인생의 전성기도 한번 누려보지 못하고 가족에게 짐이 되는 인생을 선택한다는 것은 자신이나 가족에게 매우 끔찍한 일이다. 그럼에도 불구하고 이러한 결정을 고수한다면, 자신의 선택 결과에 따라 주변사람들의 눈총을 받으며 고통 속에서 서서히 죽어가게 될 것이다.

당신이 일을 계속 한다고 했을 때, 주변사람들은 당신을 격려해주는 사람보다 말리는 사람이 더 많을 것이다. 사람들은 퇴직 후에도 일을 해야 할 만큼 생활이 어렵냐, 나이 들어 일을 하다 잘못돼 빚을 지게 되면 어떻게 하려고 그러느냐, 가만히 있으면 최소한 빚은 지지 않는 것 아니냐 등의 말을 하면서 당신이 일을 하지 않고 가만히 있기를 바랄 것이다. 그들의 이야기는 참고만 하여야 한다. 물론 일을 결정할 때 의심을 해보는 것은 상황을 신중하게 재검토하도록 하고 주어진 상황에서 최선이 무엇인지를 결정하는데 도움을 줄 것이다. 그러나 어떤 일을 시도하지 않으면 얻는 것도 없다는 것을 알아야 한다. 자신의 미래를 결정하는 것은 남이 아니라 바로 자신이다. 낭가파르트(8,125m)를 등정하고 내려오다 추락사한 고미영씨는 다른 사람들이 왜 평범한 공무원으로 살지 힘들고 거친 전문산악인이 되었느냐고 물으면 '갈림길에 섰을 때 주저하는 데는 수천가지 이유가 있지만, 결정하는 데는 한 가지 이유만 있으면 된다.'며 산이 좋아 전문산악인이 되었다고 말하곤 했다고 한다. 사람들은 퇴직 후의 계획을 많이 세워놓지만 실제로는 여러 이유를 들어 주저하고 실천에 옮기지 못하고 있다. 일을 결정할 때 신중한 것은 좋으나 너무 신중하면 어떤 일도 시작할 수가 없다.

우리는 스스로 움직이는 물체를 보고 살아있다고 한다. 다시 말하면 살아있다는 것은 움직인다는 것이다. 인간도 살아 있는 한 움직이되, 의미 있는 움직임을 해야 한다. 사람은 일을 통해 삶의 보람을 찾고 행복을 느낄 수 있다. 일을 하지 않고 집에서 놀기만 해서는 삶의 보람과 행복을 찾을 수가 없다. 오직 먹고살기 위해서 일을 해야 한다면 그것도 행복하다고 할 수 없다. 사람은 일을 하고 생활에 활력을 불어넣기 위해 적절한 휴식을 필요로 한다. 일을 하고 휴식을 취할 때 휴식의 가치를 알 수 있다. 일과 휴식을 적절히 하기 위해서는 은퇴하였지만 절반만 은퇴를 하여야 한다. 일을 하다 육체적 한계를 느끼면 자신의 인생에서 오랫동안 일을 하면서 쌓아온 경험, 지식, 기술을 바탕으로 파트타임제로 일을 하는 것도 좋을 것이다. 퇴직 후에는 돈을 목적으로 일을 하기보다는 자신의 오랜 경험을 사회에 환원한다고 생각하고 사회봉사 차원에서 일을 해보는 것이다. 퇴직 후 다시 일을 하겠다고 결정할 때는 경제적 이익도 중요하지만 즐거움이 있고 세상 사람들에게 도움이 될 수 있는 일인가를 중요하게 고려해야 한다. 특별히 가진 지식과 기술이 없다면 각 대학의 평생교육기관이나 백화점 문화센터 등에서 제공되는 교육을 통해 지식과 기술을 습득하여 일을 할 준비를 하든가, 자신이 비교적 잘 할 수 있는 분야에서 몸으로 할 수 있는 자원봉사를 해보는 것도 좋을 것이다. 노숙자 쉼터에서 급식봉사를 하는 사람, 관공서에서 서류작성을 도와주는 사람 등 자원봉사를 하는 사람들이 많이 있다.

일을 하는 것에 대한 결정은 가족의 후원 하에 자신이 스스로 결정해야 한다. 일을 하기 위해서는 먼저 마음가짐을 새롭게 하는 것이 필요하다. 내가 과거에 가졌던 사회적 지위나 수입은 잊어야 한다. 이제 과거의 내가 아니라 현재의 나임을 직시해야 한다. 일을 하는 것에 대해 부끄럽게 생각하거나 남을 의식할 필요도 없다. 일을 하지 않고 빈둥거리는 것이 부끄러운 것이지 일을 하는 것은 결코 부끄러운 것이 아니다. 일을 한다는 것은 스스로 고립을 자초했던 것으로부터 벗어나 사회와 소통을 한다는 것이며, 자신의 건강을 지키겠다는 것이다. 아침에 일어나 갈 곳이 있으면 일찍 일어나게 되고 규칙적인 식사와 걷기운동을 하게 되어 건강에도 도움이 된다.

퇴직 후 일을 하려면 우선 일을 하는 목적이 분명해야 한다. 사람들이 퇴직 후 일을 하는 이유는 일반적으로 자신이 좋아하는 일을 하고 싶어서, 인생에서 의미를 찾기 위해서, 경제적인 이유로, 자신의 꿈의 실현을 위해서 등이다. 일을 하기 전에 일을 하는 목적이 분명하면 적응도 빠르고 일에 열정을 쏟을 수가 있지만, 일을 하는 이유가 불분명하면 일이 지루하고 성과도 없게 된다. 일을 하는 목적이 분명하면 일을 시작한 후 당면하게 될 어려움도 쉽게 극복할 수가 있다.

일을 하는 목적을 분명히 하기 위해서는 먼저 퇴직 후 변하게 될 자신의 사회경제적 지위를 예측해보야 한다. 경제요인으로 연금, 저축, 부동산 등에서 나오는 가능한 총소득을 계산해 보고, 지출항목으로 자녀 교육비, 자녀 결혼비용, 노후 병원비 및 간병비, 배우자에게 남겨줄 현금 등을 계산해 보아 순수 수입이 얼마나 되는가를 알아야 한다. 그리고 퇴직 후에는 친구, 친척, 가족들 간의 상호작용 등과 같은 사회적 관계의 축소도 고려해야한다. 이들을 고려하여 일을 하려는 목적을 분명히 해야 한다.

사람들이 일을 하는 목적이 오직 돈을 벌고 명예를 얻고, 권력을 얻기 위해 또는 단순히 먹고살기 위해서라면, 우리의 인생은 너무 삭막할 것이다. 그보다 더 고상한 일의 목적은 일을 통해 물질적 소유 욕구를 충족하고 창조과정의 즐거움을 얻고 마음속에 간직해왔던 꿈과 희망을 이룰 수 있다는 것이다. 이것들이야말로 우리의 삶의 질을 향상시키는 주요 요인들이라 할 수 있다. 젊어서 하는 일이 주로 전자의 목적에 집중되었다면, 퇴직 후의 일은 후자의 목적에 충실할 수 있도록 계획하고 실천하는 것이 필요하다.

앙코르 커리어(encore career)란 말이 있다. 이 말은 단순히 은퇴하고 나서 갖게 되는 직업이나 남아도는 시간을 때우기 위한 방법이 아니라, 오랫동안 사회경험을 쌓은 세대가 세상을 좀 더 살기 좋게 만들어보려는 이상을 실천하기 위해 자신들의 경험을 살려 일을 하려는 것을 의미한다. 앙코르 커리어를 가지려는 사람들은 연금으로 안락한 생활을 하기보다 인생에서 의미와 보람을 중요시 하는 사람들이다. 일하며 산다는 것은 개인의 경제적 수입은 물론 육체적 정신적 건강을 위해서도 좋다. 앙코르 커리어를 갖게 되면 규칙적인 생활이 가능하고 타인을 도울 수 있는 기회를 갖게 되며, 젊은이들과 사회관계를 지속함으로써 사회적 유대감도 가질 수도 있다. 앙코르 커리어를 갖게 되면 여러 세대가 모인 직장의 근무환경에서 젊은이들과 사회관계를 맺음으로써 그들에게 경험과 지식을 전해주는 멘토 역할도 할 수 있다.

현재의 50~60대는 풍부한 사회적 경험과 지식 및 기술을 가지고 있으며 일에 대한 강한 열정과 추진력을 가지고 있다. 그리고 이들은 적절한 건강상태와 최고의 직업윤리를 소유한 세대이다. 사회의 발전을 위해서는 이들 인적자본을 잘 활용해야 한다. 퇴직자의 입장에서도 일을 한다는 것은 살아있다는 것을 확인하는 것이고, 자신의 삶을 누구에게 의존하지 않고 능동적으로 자신의 삶을 살아가는 것이다.

지금까지 대부분의 복지국가들은 젊은이들에게 일자리를 만들어주기 위해 퇴직제도를 만들어 놓고 퇴직자들에게 퇴직연금을 지불하며 퇴직을 명예롭게 생각하게 하였고, 퇴직 후 안락한 노후생활이 대기하고 있다는 환상을 심어주었다. 그렇지만 최근 대부분의 복지국가들은 노인인구의 급속한 증가로 국가에 의한 복지비용 지출에 한계를 느끼고 있다. 물론 아직도 국가가 복지를 약속하고 있기는 하지만, 노인인구가 크게 증가하고 있고 세금을 낼 젊은 인구가 크게 줄고 있는 상황에서 언제 줄어들지 모르는 연금에 전적으로 의지하기보다는 스스로 미래를 준비하는 것이 현재로서는 훨씬 현명한 선택일 것이다. 퇴직 후 연금으로 생활하려는 생각을 하기 보다는 일을 계속할 준비를 해야 한다.

그러면 어떤 일을 시작해 볼까? 퇴직 후의 일은 단순히 취미생활이거나 남을 위한 자원봉사가 아니다. 일을 통해 일정한 소득이 보장되어야 하고 재미도 있어야 한다. 나이 들어 일을 크게 벌이다 잘못되면 가족 모두가 비참해질 수도 있다. 따라서 퇴직 후 일을 하려 할 때는 우선 가족들의 동의가 중요하다. 가족의 동의를 얻어서 시작한 일들도 진행과정에서 가족 구성원들 간에 갈등이 있을 수 있는데, 가족의 동의 없이 시작했다 일이 잘못되면 가족 해체의 위기에 당면할 수도 있다. 퇴직을 하고 집에만 있다 보면 세상물정에 너무 어두워 남의 말만 믿고 막연히 잘될 것이라는 생각만으로 일을 시작할 수도 있다. 그러나 가족은 공동운명체이기 때문에 충분히 같이 논의하고 사전 준비를 철저히 하여 함께 작은 규모로 일을 시작해야 한다. 퇴직 후 하는 일은 남들이 성공했다고 하는 분야나 남들이 많이 하는 분야가 아니라 자신이 하고 싶고 잘 아는 것이어야 일을 통해 삶의 보람도 찾고 돈도 벌 수 있다. 새로 시작하는 일은 자신의 가치관이나 인생관과 모순되지 않는 것이어야 하며, 자신을 너무 과대평가하거나 과소평가하지도 말고 객관적으로 판단하여 결정해야 한다.

퇴직 후 임금노동자로 재취업을 하기위해서도 철저한 준비가 필요하다. 먼저 관련 자료를 수집하기 위해 가까운 공공도서관을 이용해보라. 도서관에는 매일 다양한 종류의 신문과 잡지들이 제공되기 때문에 정보를 비교적 쉽게 얻을 수 있다. 컴퓨터를 이용하여 구인정보도 얻을 수 있다. 도서관에 나가면 무엇보다 아침에 갈 곳이 생겨 집에서 가족의 눈치를 보지 않아도 된다. 집에만 있으면 사소한 일로 배우자와 갈등을 빚을 수 있지만, 도서관은 모든 사람들이 자기개발을 위해 노력하는 곳이기 때문에 공부하는 다른 사람들을 보면서 자신의 꿈과 희망을 생각해 볼 수 있다. 자신도 다른 사람들처럼 같이 공부를 하다보면 자신이 사회로부터 멀어진다는 소외감도 극복할 수 있다. 도서관에서 자격증 취득 공부를 하여 새로운 취업의 기회를 찾을 수도 있다.

제4부
행복한 퇴직생활을 위한 메시지

제4부 행복한 퇴직생활을 위한 메시지

1. 퇴직자가 반드시 해야 할 9가지

1) 과거를 잊어라

사람들은 건강이 좋지 않거나 조건이 좋은 다른 회사로 옮기기 위해서 또는 자신의 일을 창업하기 위해서 스스로 직장을 물러날 수도 있고, 회사가 어려워서 또는 정년이 다되어서 자신의 의사와 상관없이 회사로부터 강제로 퇴직을 당할 수도 있다. 자신의 젊음과 열정을 다 바쳐온 직장으로부터 물러나면서 좋았던 추억뿐만 아니라 좋지 않은 감정을 가지고 있을 수도 있다. 정년퇴직이 아닌 자신의 젊음과 열정을 다 바친 직장으로부터 해고되었다면, 억울한 마음은 말로 다 할 수가 없고 당분간 잠도 이룰 수가 없을 것이다. 생각할수록 자신을 해고한 사람들이 밉고 억울해서 어떻게 그들에게 복수할까 생각하다가 아주 끔찍한 일을 한번 저질러 버릴까하는 생각도 해봤을 것이다. 좋았던 추억은 세월이 흘러가면서 쉽게 잊을 수 있지만, 잠을 이룰 수 없도록 억울했던 사연들은 세월이 흘러가도 언제나 어제 일처럼 아주 생생하게 되살아날 것이다. 특히 자신에게 깊은 마음의 상처를 입혔던 사람은 영원히 잊지 못할 것이다. 그런 상처가 얼마나 크고 오래 남으면 얼마 전 충남에서 한 젊은이가 3년 전에 자신이 근무했던 회사를 찾아가 자신을 괴롭혔던 옛 상사를 엽총으로 살해하고 총기를 난사하여 옛 동료들에게 중상을 입히고 도망가는 일이 일어났겠는가? 강원도에서도 군 부사관이 해고 된지 몇 년 후에 자신을 해고한 연대장의 노모를 살해하고 도망가는 사건이 일어났지만 사건이 해결되지 않고 있다가, 그것도 부족해 다시 협박편지를 보냈다가 우표에 묻은 침 속의 DNA 수사를 통해 범인이 잡힌 사건이 일어났었다. 이 사람들은 모두 해고 후 오랫동안 복수심에 사로잡혀 복수로 고민하다가 엄청난 일을 실제로 저지른 경우이다. 지나친 과거에 대한 집착으로 상대방뿐만 아니라 자기 자신도 피해자가 되었다.

힘은 들겠지만 남이 아니라 자신을 위해 과거의 좋지 않았던 기억을 잊으려고 노력해야 한다. 조기 퇴직을 당했다면 새로운 일을 시작할 수 있는 용기가 있는 하루라도 젊은 날에 그만두게 되어 다행이라고 생각하고, 명예퇴직을 당했다면 조기에 퇴직당하지 않고 스스로 물러날 수 있어서 다행이라고 생각하여야 한다. 정년퇴직을 했다면 정년까지 근무할 수 있게 배려해 준 회사에 대해 고맙게 생각해야 한다. 요즘 산업현장에서 산업재해로 인해 본의 아니게 일찍 퇴직을 해야 하는 사람들이 얼마나 많은가? 건강하게 퇴직할 수 있는 것만 해도 자신에게는 커다란 행운이다.

앞으로 한 걸음 나아가기 위해서는 과거와 단절을 해야 한다.

사람의 뇌는 두 가지 일을 한꺼번에 몰두하기에는 한계가 있기 때문에 과거를 기억하면서 동시에 미래를 위해 한 걸음씩 나아가기는 어렵다고 한다. 앞으로 나아가기 위해서는 과거의 좋지 않았던 일에 대한 생각을 접고 현재와 미래에 대해 긍정적으로 생각해야 한다. 과거의 좋지 않았던 일을 생각하면 화가 나고 자신에게 스트레스를 주게 되어 주변 모든 일에 불만이 생기게 된다. 스스로 과거의 좋지 않았던 일을 생각하면 갑자기 혈압이 오르고 속이 쓰리며 심하면 위장병으로 발전할 수도 있다. 과거를 잊어야 한다. 그렇지 못하면 과거에 대한 후회와 증오심으로 한 걸음도 앞으로 나아갈 수가 없다.

미국의 대통령선거에서 민주당 후보자 경선에 나섰다 오바마에게 패한 힐러리에게 다음날 기자들이 지금의 심정을 물었다. 그는 '그것은 과거의 일일뿐이다. 현재 중요한 것은 내가 지금 무엇을 하고 있느냐 하는 것이다.'라고 말했다고 한다. 오바마도 대통령이 된 후 자신과 경쟁 상대자였던 힐러리를 더 이상 경쟁상대로 생각하지 않고 국무장관으로 예우했고, 그는 현재 전 세계를 돌아다니며 오바마 못지않게 미국을 대표해서 활발한 활동을 하고 있다. 과거의 패배감에 젖어 있기보다는 현재 무엇을 하고 있느냐 하는 것이 미래를 위해 더 중요한 것이다.

퇴직을 하고 나면 과거에 하려고 했지만 하지 못했던 일과 잘못된 결정에 대한 후회가 오랫동안 머리를 떠나지 않는다. 그러나 과거는 이미 지나갔다. 과거의 잘못된 일들도 사실은 당시 상황에서는 나름 최선의 선택이라고 생각하고 했을 것이다. 단지 결과가 기대대로 되지 않았을 뿐이다. 지금 와서 후회한다고 과거로 돌아 갈 수도 없고 결과를 뒤바꿀 수도 없다. 삶이란 죽는 날까지 언제나 진행형이다. 퇴직과 함께 자신의 삶이 끝난 것이 아니라 눈앞에서 현재 진행되고 있는 것이다. 과거를 잊지 못하고 집착한다는 것은 앞으로의 미래도 과거와 똑같이 살아가겠다는 생각과 같다. 자신의 과거에 불만이 있다면 미래는 과거와 다른 삶을 살아야 할 것이다. 그러기 위해서는 결코 잊고 싶지 않겠지만 과거는 잊어야 한다. 과거 쇼트트랙 국가대표 빙상선수였던 김동성이라는 선수를 기억할 것이다. 그는 2002년 미국 솔트레이크시티에서 열린 동계올림픽 남자 1,500m 결승에서 1위로 들어오고도 안톤 오노가 반칙을 당한 것처럼 위장행동을 취해 실격을 당하였다. 그 후 오노 때문에 금메달을 놓쳤다는 분한 생각으로 오랫동안 마음고생을 많이 했다고 한다. 얼마 후에 그를 용서하고 새로운 일을 시작하면서 곧바로 마음이 편해졌다고 한다. 박상민이라는 가수도 자신과 비슷한 외모를 하고 마치 자신인 것처럼 행동하고 다닌 짝퉁 박상민 때문에 한동안 법정 소송을 하는 등 마음고생을 많이 했다고 한다. 나중에 그를 용서하고 나니 자신을 억누르고 있던 분노가 하루아침에 사라지면서 마음이 편해졌다고 한다. 퇴직 전 직장 상사에 대한 원한이나 분노가 있다면 이제 용서하고 털어버려야 한다. 그도 어쩌면 내가 미워서라기보다 상급자로서 조직을 위해 어쩔 수 없이 그런 행동을 했을 것이라고 이해하는 마음으로 그를 용서하여야 한다.

퇴직자에게 가장 중요한 것은 지금까지 무엇을 이루었느냐가 아니라 지금 무엇을 하고 있느냐이다. 과거의 화려함이나 현재의 안락한 생활은 미래의 발전에 장애가 될 수도 있다. 현재의 생활에 만족하는 순간 발전보다는 죽음을 기다리는 사람이 된다. 만일 당신이 젊게 발전적으로 살고 싶다면 과거의 화려함이나 현재의 안락한 생활에서 벗어나야 한다. 인간은 살아있는 한 움직이고 변해야 한다. 변하지 않는 것은 곧 죽음을 의미한다. 과거에 대한 집착은 미래의 성장과 발전에 걸림돌이 될 수도 있다. 과거와의 단절을 통해서 새로운 변화를 시도할 수 있고 현재의 일에 집중할 수 있다. 과거의 영화와 성공에 집착하면 현재가 한탄스러워지고 한숨이 나오게 된다. 과거는 머릿속에서 추억으로만 기억해야 하며 남에게 자신의 화려했던 과거 이야기를 해봤자 당신을 존경스럽게 생각하는 사람도 없다. 남의 과거 이야기를 즐거운 마음으로 들어주는 사람도 거의 없다. 혼자 과거의 자신에 자아도취 되어 흥분하고 있을 뿐이다. 남자들이 군대를 갔다 온 후 술자리에서 마지막에 자연스럽게 나오는 자신의 군대이야기를 여자들이 듣기 싫어하는 것과 같다. 과거는 이미 흘러갔다. 더 이상 과거를 반복해서는 안된다. 과거를 후회할 시간이 있으면, 그 시간에 창조적 미래를 계획해야 한다.

지난 일로 다른 사람을 원망하고 비난해봤자 그 사람은 어쩌면 그 일을 기억조차 하지 못할지도 모른다. 혼자 과거 마음의 상처를 되살려 되새김질해봤자 자신의 상처만 더 커질 뿐이다. 과거에 집착하면 좌절감에 빠져 더 이상 일을 할 용기가 나지 않는다. 중요한 것은 지금 현재 무엇을 생각하고 있고, 무엇을 하고 있느냐 하는 것이다. 과거의 모든 일들을 용서하도록 노력해야 한다. 다른 사람을 위해서가 아니라 자기 자신을 위해서 모든 것을 용서하고 앞에 펼쳐질 인생을 설계하고 행동해야 한다. 인간은 과거 사회적 지위 때문에 어쩔 수 없이 했던 가식적인 삶이나 남의 눈을 의식하던 것에서 벗어나 원래 자신의 모습으로 살아갈 때 가장 행복하다고 한다.

2) 배우자를 먼저 배려하라

우리나라 대부분의 직장인들에게 직장은 삶의 전부였다. 젊어서는 직장 일 때문에 배우자를 도와주지 못하였고 아이들과의 약속도 제대로 지키지 못하였다. 가족에게 큰 행사가 있을 때에도 직장 일을 핑계로 많이 참석하지도 못한다. 퇴직이 가까워지면서 젊어서 가족들과 더 많은 시간을 보내고 가족행사에 충실하지 못한 것에 대한 후회가 밀려온다. 퇴직 후에 자신이 믿을 수 있는 사람은 배우자 밖에 없다. 퇴직이 가까워질 때쯤이면 아이들은 교육이 끝나고 자신의 직장이나 배우자를 찾아 집을 떠나 있을 것이다. 퇴직 후에는 집에 배우자와 단둘이만 남게 된다. 이소를 마친 후의 새 둥지처럼 집이 텅 비이 있고, 이 공간에 부부만 남아 있게 된다. 부부가 결혼을 하고 난 후 이 때처럼 한 공간에서 오래 같이 있어본 적도 없을 것이다. 그런데 여기에 만족하고 오랜 시간을 배우자와 같이 집에 있다가는 사소한 일로 갈등을 겪게 될 수 있다. 부부갈등을 줄이기 위해서는 배우자를 먼저 배려해야 한다. 매일 회사로 출근하던 남편이 퇴직해 집안에서 하루 세끼를 해결하려고 하면, 아내는 개인생활이 줄어들고 스트레스가 쌓이면서 사소한 일로 남편과 갈등을 일으킬 수 있다. 아내는 집에만 있는 남편을 위해 매번 식사준비와 설거지를 해야 한다. 회사에 출근할 때는 아침 한 끼만 먹었기 때문에 일식이라고 했다면 퇴직 후 세끼를 집에서 챙겨 먹으려는 남편을 삼식이라고 한다. 아내가 제일 싫어하는 남편이 바로 삼식이라고 한다. 외출을 해도 집에 있는 삼식이가 걱정이 돼서 매번 전화를 해야 하고 원격으로 아바타처럼 원격조정을 해서 음식이 있는 위치와 무엇을 어떻게 먹어야 하는지를 알려줘야 음식을 먹는다. 이런 남편들은 앞으로 집에서 아내의 눈치를 보며 살 수 밖에 없다. 아내는 삼식이 보다는 일식이를 좋아한다는 것을 기억해야 한다. 남편이 가부장적인 가치관을 가지고 있는 경우라면 아내와의 갈등은 더 많아질 것이다. 우리나라에서 이루어지는 황혼이혼의 대부분의 원인도 남편의 가부장적 태도로부터 오는 갈등 때문이라고 한다. 남편이 황혼이혼을 할 생각이 없다면 퇴직 후에는 아내를 배려하여야 한다. 부인도 남편과 이혼할 생각이 없다면 남편이 밖에서 일을 할 방법을 같이 찾아야 한다. 퇴직 후 부부가 하루 종일 같이 있으려다 영원히 갈라설 수도 있다는 것을 명심할 필요가 있다.

어느 70대 노인부부의 황당한 이혼 사연을 들어보자. 노인부부가 어느 날 저녁 통닭이 먹고 싶어 배달을 시켰다고 한다. 통닭이 도착하자 부인은 부엌으로 가서 밥상과 젓가락을 챙겨 왔고, 그 사이 남편은 기다리지 않고 나무젓가락으로 통닭 몇 조각을 먼저 먹었다고 한다. 부엌에서 돌아온 부인이 통닭 조각들을 뒤적이며 무엇인가를 찾고 있어서 남편이 무엇을 찾느냐고 물어보니 닭다리를 찾고 있다고 하였다. 남편이 내가 먹었다고 하니까 부인은 갑자기 내 닭다리를 왜 당신이 먹었느냐고 화를 내더라는 것이다. 남편이 황당해 하면서 그까짓 닭다리 때문이면 통닭을 한 마리 더 시키면 되지 뭘 화를 내느냐고 하였다고 한다. 부인은 당신은 결혼해서 지금까지 한 번도 내 닭다리를 남겨놓지 않고 다 먹어버렸다. 이제 더 이상 당신에게 내 닭다리를 빼앗길 수가 없다. 당신같이 배우자에 대한 배려심 없는 사람하고는 더 이상 살고 싶지 않으니 이혼을 하자고 하더라는 것이다. 다음 날 부인은 법원에 이혼신청을 하였고, 법원은 얼마 후 두 노부부의 황혼이혼을 허가하였다고 한다. 나이 들어서 배우자에 대한 배려를 하지 않다가는 어느 날 당신도 닭다리 하나 때문에 배우자로부터 황혼이혼을 당할 수도 있다는 것을 명심해야 한다.

퇴직 후에는 가능한 한 배우자의 스케줄을 간섭하지 말고 잔소리도 하지마라. 배우자는 결혼 후 지금까지 적어도 낮에는 자기만의 공간과 시간을 가지고 생활했는데, 퇴직과 함께 남편의 간섭을 받아야 한다면 얼마나 불편하겠는가? 남편이 퇴직 한 후부터는 밖에 나가는 것만으로도 눈치가 보이는데 행선지를 묻고 언제 돌아올지를 묻는다면 얼마나 짜증이 나겠는가? 게다가 사소한 집안일에 잔소리를 하고 돈 아껴 쓰라는 말을 하면, 배우자는 언제 그렇게 쓸 돈이나 벌어다 줬느냐며 폭발할지도 모른다. 부부라 할지라도 자기만의 시간이 필요가 있다. 퇴직 전에 아내는 집안을 치우고 나서 이웃집 사람들과 담소도 하고, 때에 따라서는 친한 친구와 만나 차도 마시고 쇼핑도 다녔을 것이다. 친구들과 계가 있는 날에는 친구들과 밖에서 맛있는 음식도 먹고 수다를 떨다가 남편 퇴근시간에 맞추어서 들어와도 걱정할 필요가 없었을 것이다. 오랫동안 주어졌던 아내의 이런 자유가 남편의 퇴직과 함께 하루아침에 사라지고 매일 남편의 세끼를 챙겨야 하고 외출까지 통제 받는다면, 아내는 곧 폭발할 것이다.

퇴직 후에는 아내에 대한 잔소리 대신 외출한 아내를 위해 식사를 준비해보자. 아내가 남편을 위해 평생 식사를 준비해 줬으니, 이제 아내가 외출한 날은 남편이 아내를 위해 식사를 준비해보자. 집에 남편을 혼자 남겨놓고 나와 미안한 마음으로 집에 들어왔는데 남편이 밥까지 해놨으면 얼마나 고맙게 생각하겠는가? 언젠가 일본의 도쿄도 시장이 부인이 치매에 걸리자 많은 사람들의 만류에도 불구하고 부인을 간병하기 위해 시장자리를 물러나는 것을 보았다. 그는 부인이 한 평생 자신을 내조했고, 이제 부인이 나를 필요로 하고 있으니 자신이 부인을 위해 일을 할 때가 되었다면서 많은 사람들의 만류에도 불구하고 시장 직을 그만 두었다. 그 후 치매에 걸린 부인을 정성껏 수발들면서 부인에게 더 맛있는 음식을 대접하기 위해 요리학원까지 다니는 것을 보았다. 이 정도는 못하더라고 퇴직 후에 가끔씩 부인을 위해 요리를 하는 것도 행복한 노후 생활에 도움이 된다.

요리하는 남편일수록 건강하게 늙는다고 한다. 남자가 여자보단 일찍 죽는 이유 중 하나는 70살이 넘어서도 아내나 며느리에게 얹혀살면서 눈치를 보느라 먹는 것을 부실하게 먹기 때문이라고 한다. 남자는 한 평생 밥을 스스로 해먹는 것이 아니라 얻어먹는데 익숙해져 있다. 어려서는 어머니에게 의지하고, 결혼해서는 아내에게, 늙어서는 아내나 며느리에게 밥을 의지하며 산다. 젊어서도 남들이 음식을 만들어 차려주지 않으면 인스턴트식품으로 간단히 때우거나 굶었다. 나이가 들어서 여자들은 자신이 먹고 싶은 것을 맛있게 요리하여 먹지만, 남자들은 아내나 며느리가 차려주지 않으면 차라리 굶고 만다. 남자도 요리를 해야 건강하게 오래살 수 있다고 한다. 퇴직 후에는 아내와 자신의 건강을 위해 요리를 해보자.

3) 긍정적인 사고를 가지고 주체적으로 행동하라

퇴직 후 반복되는 단순한 일상생활에 익숙해지면, 퇴직 후 처음에 가졌던 꿈과 열정이 점차 식어지고 새로운 일을 시작할 의지도 약화된다. 집에 할 일없이 혼자 있다 보면 머릿속에는 미래의 꿈이나 희망보다는 과거의 사람들로부터 받았던 섭섭했던 일들이 어제의 일처럼 생생하게 떠오르게 된다. 불교에서는 매일 어떤 화두를 골똘히 생각하며 일상생활을 하다보면 언젠가 그에 대한 해답을 얻을 수 있다고 한다. 그런데 퇴직자의 머릿속은 꿈, 희망, 자신감보다는 온통 불안, 초조, 두려움 등 부정적인 화두로 가득 차기 쉽다. 부정적인 생각을 계속하다보면 삶 자체가 허무하고 의미 없어 보일 수도 있다. 매일 부정적인 생각으로 머릿속을 채우고 있으면 자신에게 부정적인 일이 주로 일어날 것이고, 긍정적인 생각으로 머릿속을 가득 채우고 생활하다보면 긍정적인 일이 주로 일어날 것이다. 똑같은 현상이 사람에게 일어났다고 해도 긍정적인 생각을 하고 있는 사람은 그것을 긍정적으로 생각할 수 있지만, 부정적인 생각을 많이 하고 있는 사람은 그것을 부정적으로 생각하게 된다. 머릿속을 부정적인 생각으로 채울 것인가, 긍정적인 생각으로 채울 것인가는 본인의 마음가짐에 달려 있다.

퇴직을 새로운 도약을 위한 기회로 삼기 위해서서는 가장 먼저 마음가짐을 긍정적으로 해야 한다. 긍정적인 마음만이 부정적인 마음과 불안감을 몰아낼 수 있다. 나는 잘 할 수 있어. 지금까지 모든 일을 잘 해왔잖아. 내가 걱정하는 일은 절대 일어나지 않을 거야. 매일 자신을 향해 잘 할 수 있다는 자기 암시를 계속해야 한다. 자신이 할 수 있다고 생각하는 사람은 무엇인가를 하기 위해 노력하지만, 나이가 있는데 어려울 거야 하는 사람은 어떠한 노력도 하지 않을 것이고 이루어지는 일도 없을 것이다. 은퇴라는 말은 이제 기억 속에서 지워버리자. 인생은 생각대로 이루어진다고 한다. 생각 속에 은퇴와 같은 부정적인 단어를 떠올리지 말고 할 수 있다는 긍정적인 단어들만 떠올리도록 해야 한다. 이제 남은 인생을 남에게 맡겨 조종당하지 말고 자신의 의지대로 만들어가야 한다. 성공한 사람들은 은퇴하지 않고 자신의 일을 계속 유지해 간다. 반대로 은퇴할 상황에 있지 않은 사람들이 은퇴를 하고 있다. 은퇴를 생각하고 있는 사람은 사회로부터 자신을 고립시켜 자신의 행동반경을 스스로 제한하려는 어리석은 사람이다

이제 퇴직과 함께 직장 잃고 사회적 지위 잃고 수입까지 줄었는데 앞으로 더 이상 이보다 상황이 나빠지기야 하겠는가? 생활에서 바닥을 쳤으니 이제 상승할 일만 남았다고 생각하자. 우리의 인생도 골이 깊으면 산도 높지 않겠는가? 아마 지금까지 인생을 살아오면서 많은 걱정을 해보았지만, 일이 걱정대로 실제로 일어난 것은 그리 많지 않을 것이다. 매번 필요 없는 걱정으로 자신의 애만 태웠을 뿐이라는 것을 알고 있을 것이다. 우리가 일상생활에서 하는 걱정의 80%는 실제로 일어나지 않는 일이라고

한다. 나머지 20% 중 10%는 자신에게 일어난다고 해도 자신이 어쩔 도리가 없는 일이라고 한다. 그리고 나머지 10% 중 5%는 내 능력으로 충분히 막을 수 있는 것이며, 그 나머지 5%만이 내가 해야 할 걱정거리라고 한다. 우리가 어떤 일을 걱정하는 것은 준비가 되어 있지 않을 때이며, 준비가 잘 되어 있다면 걱정을 하지 않는다. 걱정을 하지 않기 위해서는 되지 않을 것이라는 부정적인 생각이나 말을 하지 말아야 한다. 걱정이 많은 사람들과는 만나 이야기도 하지 말고, 언제나 모든 일이 잘 될 것이라는 낙천적인 생각을 해야 한다. 우리나라에서 100세 이상 장수하는 노인들도 대부분 매사에 걱정보다는 낙천적인 성격을 소유했다고 한다.

긍정적인 생각은 우리가 원하는 것을 성취하는 데 매우 중요하다. 긍정적인 생각을 가지고 있고 신중하고 철저한 계획과 전략이 뒤따른다면 원하는 것은 무엇이든지 성취할 수가 있다. 큰 꿈을 가지고 시작한 사업에서 실패한 후 사람들의 반응도 긍정적인 사고를 가진 사람과 부정적인 사고를 가진 사람 간에는 차이가 있다. 부정적인 사고를 가진 사람은 사업 실패 후 집에 틀어박혀 매일 술만 마시며 세상과 자신의 신세를 한탄할 것이지만, 긍정적인 사고를 가진 사람은 실패를 거울삼아 7전8기의 오기로 새로운 일을 준비할 것이다. 처음 시작한 일이 실패 없이 바로 성공하는 경우는 그리 많지 않다. 성공한 기업가들도 대부분 몇 번의 실패를 교훈삼이 계속 도전한 결과 성공에 이르게 되었다고 한다. 한번 시도했다 실패하고는 '나는 역시 안돼!'라는 부정적인 생각을 가지고 좌절하기보다는 '나도 할 수 있어'라는 긍정적인 사고를 가지고 다시 시도하는 사람만이 사업을 성공으로 이끌 수 있다. 자신은 안된다고 생각하는 사람은 자포자기하고 어떠한 노력도 하지 않겠지만, 나도 할 수 있다고 생각하는 사람은 실패를 거울삼아 새로운 일을 다시 시도 할 것이기 때문이다.

머피의 법칙이라는 말이 있다. 왠지 어떤 날은 되는 일이 없이 안되는 일만 자꾸 일어난다는 것이다. 하루 종일 부정적인 생각을 하니까 같은 일이라도 그것을 긍정적으로 보는 것이 아니라 부정적으로 보기 때문에 부정적인 면이 부각되어 보이는 것일 뿐이다. 반대로 오늘은 모든 일이 잘 될 거야, 오늘은 행운의 날이야 라고 생각하는 사람은 부정적인 일이 생겨도 좋은 일이 일어나려고 액땜 했어 라고 긍정적으로 생각을 한다. 좋은 일이 일어날 것이라고 생각하는 사람에게는 실제로 좋은 일이 일어날 것이고, 그렇지 않다고 해도 모든 일을 긍정적으로 해석하게 될 것이다. 모든 일은 마음먹기에 달려있는 것이다.

나이를 먹는다는 것에 대해서도 부정적으로 생각을 하지 말아야 한다. 나이 드는 것은 자연스런 현상이고, 나이가 들었다는 것은 그만큼 경력이 있고 지혜를 쌓았다는 것이다. 나이 들었다고 경로석에 앉아있는 젊은이를 못마땅하게 쏘아보며 나이 먹은 티를 내지도 말아야 한다. 지하철에서 자리가 없어 서서가게 되었거든 다리 운동하는 셈치고 차라리 잘되었다고 생각해야 한다. 노약자석에 앉아 얼굴을 숙이고 졸고 있는 젊은이도 예의 없는 못된 놈이라고 생각하지 말고 하루 종일 일에 시달리다 지친 안쓰러운 약자라고 생각하라.

과거 모 통신사 광고에 '생각하면 생각대로'라는 말이 있었다. 모든 일이 생각대로 이루어진다는 것이다. 긍정적인 생각을 하면 긍정적으로 이루어지고 부정적으로 생각하면 부정적으로 이루어진다는 것이다. 자신의 처지가 어려울 때 자식들은 우리 아버지가 부자였으면, 남편들은 처갓집이 부자였으면 하는 생각을 하면서 그렇지 못한 현실에 불만을 가져본 적이 있을 것이다. 아내는 남편이 부자가 아니라서 남편에게 실망했을 수도 있다. 사실은 지금 내가 부자가 아닌 것은 누구 때문이 아니라 내가 부자가 아니기 때문에 부자가 아닌 것이다. 우리사회에는 아버지가 부자가 아니었지만 자식이 부자가 된 경우, 남편은 경제적으로 무능했지만 아내가 부자가 된 경우가 얼마든지 있다. 아들은 아버지가 가난해 어려서 고생을 많이 했다면 아버지처럼 되지 말고 스스로 노력하여 부자가 되면 된다. 남편이 경제적으로 무능하다면 자신이 열심히 일을 해서 부자가 되면 된다. 세상의 중심은 나다. 내가 스스로 변하려고 하지 않으면 되는 것이 없다. 자신의 미래에 대해 궁금해 하는 사람들이 많이 있다. 때로는 점쟁이를 찾아가 자신의 미래를 묻기도 한다. 그러나 자신의 미래를 알고 싶거든 점쟁이가 아니라 자신에게 물어보라. 자신의 미래가 궁금하거든 지금 자신이 무엇을 하고 있는지를 생각해보라. 자신의 미래는 자신이 준비하는 대로 이루어진다. 자신이 아무런 준비를 하고 있지 않고 남의 탓만 하고 있다면 자신의 미래는 불투명할 수밖에 없다.

많은 사람들이 부자를 부러워하면서 자신도 부자가 되기를 바란다. 부자가 되기 위해서는 어떻게 해야 될까? 로또복권이라도 살까? 로또복권을 사서 부자가 될 것 같으면 누구나 부자가 될 수 있을 것이다. 그러나 정작 부자들은 로또복권처럼 투자 회수율이 낮은 곳에는 투자를 하지 않는다고 한다. 복권은 여유가 있는 부자보다는 생활이 어려워 한방에 인생역전을 꿈꾸는 사람들이 주로 구입한다. 로또복권은 생활이 어려운 사람들이 돈을 모아서 어려운 몇 명에게 몰아주는 방식이다. 부자가 되기도 어렵다는 생각이 들 것이다. 모든 일은 자신이 주체가 되어 스스로 해결해야 한다. 다른 사람에 의지하여 살아가려 하지 마라.

퇴직을 하고 나면 다른 사람들의 말을 쉽게 믿지 마라. 퇴직을 하고 잠시 쉬고 있으면 주변의 아주 잘 아는 사람들이 당신의 호주머니를 노리고 동업을 하자며 계속 유혹할 것이다. 퇴직 후 사업경험이 없는 사람이 다른 사람의 도움을 받아서 사업을 하고 싶은 마음은 이해가 되나, 그들은 사업의 성공여부 보다는 당신이 가진 돈에 더 관심이 있다. 아마 주변의 많은 사람들로부터 퇴직 후 사업을 하다 망했다, 퇴직금 모두 날렸다, 사기 당했다는 이야기를 수도 없이 들었을 것이다. 퇴직 후의 일은 자기가 중심이 되어 스스로 결정하고 해야지 누구에게 의지해서 하려고 해서는 안된다. 물론 사전의 철저한 준비와 가족들의 절대적인 지원 하에 일을 시작해야 한다. 일을 하다 성공을 하든 실패를 하든 모든 책임은 자신에게 있다. 세상은 나를 중심으로 돌아간다는 것을 명심할 필요가 있다.

그리고 일을 하다가 마음에 들지 않으면 바로 그만둬라. 다른 사람들 눈치 보느라 망설이지 말고 남을 생각해서 끌려가지도 마라. 자신이 필요로 하고 할 수 있는 일이라면 하되 정 때문에 할 수 없이 하는 일이라면 하지마라. 남의 부탁을 거절하지 못하는 사람은 착한 사람이지만 남에게 이용당하기 쉬운 사람이다. 이제 남보다 자신을 먼저 생각하는 적당한 이기주의자가 되어야 한다. 꼭 필요한 일이 아니면서 어쩔 수 없이 끌려가는 일은 더 이상 하지 마라.

이제 타인과의 갈등을 두려워하지도 말고 피하지도 마라. 갈등은 어디에나 있는 것이며 때로는 갈등도 자기발전을 위해서 필요하다. 타인과 의견이 다를 때는 약간의 갈등이 예상되더라도 언제든지 자신의 의견을 이야기해야 한다. 자신의 의견을 분명하게 이야기 하는 것은 관심과 적극성의 표현이다. 갈등이 두려워 자신의 의견을 말하지 않는 것은 타인에게 빈틈을 보이는 것이며, 다른 사람들로부터 이용을 당할 수도 있다. 갈등이 없는 사회는 없으며 갈등과정을 통해 사회도 발전한다. 개인도 마찬가지다. 퇴직했다고 기죽지 말고 자신의 판단이 옳다고 생각되거든 자신의 의견을 분명히 밝히고, 자신의 이해관계를 지킬 수 있는 적당한 이기주의자가 되어야 한다.

4) 생활의 속도를 늦추고 단순화해라

퇴직 후에는 생활의 속도를 늦추고 생활양식을 단순화할 필요가 있다. 그동안 모아놓은 재산이 별로 없다고 너무 조급해할 필요도 없고 미래를 불안하게 생각할 필요도 없다. 퇴직 후 소득이 줄어든 만큼 생활을 단순하게 정리하고 지출을 형편에 맞게 줄이면 된다. 과거의 정 때문에 정리하지 못하고 있던 인간관계도 단순하게 정리해야 한다. 우리가 컴퓨터를 쓰다가 속도가 느려지거나 부팅이 되지 않을 때, 컴퓨터를 포맷하여 초기화시키면 컴퓨터가 빨라지고 새로운 작업을 하기가 쉬워지듯이, 사람도 퇴직을 하고나면 과거의 복잡한 인간관계를 단순하게 정리하고 새로운 작업을 준비해야 한다. 퇴직 후에도 과거 직장 동료들에 대한 정 때문에 애경사를 다 쫒아 다닐 수는 없다. 당신이 퇴직했다는 사실을 알고 있는 한 당신이 오지 않았다고 해서 섭섭해 할 사람도 없다. 특히 같은 고향이나 학교가 아니라 직장에서 일을 하다 일과 관련하여 만난 친구들은 당신이 과거 했던 일과 관련된 일을 계속 하려하지 않는 한 정리를 할 필요가 있다. 퇴직 후에도 만나고 싶은 마음이 없으면서도 정 때문에 어쩔 수 없이 모임을 계속하다가는 생활을 유지하기가 힘들어 진다. 그들도 퇴직 후 당신이 만나자고 하면 반가운 마음으로 당신을 만나려 하지 않는다. 혹시 당신이 무슨 일자리 부탁이나 하려고 만나자고 하는 것은 아닌지 의심부터 할 것이다.

퇴직 후에는 인간관계뿐만 아니라 복잡했던 생활 자체를 단순화할 필요가 있다. 생활이 단순해질수록 삶의 여유가 더 생긴다. 먼저 꼭 필요한 것을 제외하고 자신의 소유물들을 정리해보자. '부자아빠 가난한 아빠'라는 책을 쓴 기요사키는 부자가 되기 위해서는 젊어서 돈을 잘 벌 때 사두었던 큰 집과 큰 차를 퇴직과 함께 처분하라고 한다. 퇴직 후에 이들은 세금과 관리비를 먹어버리는 괴물로 변해버리기 때문이다. 직장생활을 할 때는 남에게 과시하기 위해 분수에 넘치는 큰 차와 큰 집을 샀고 메이커 옷을 사 입었더라도 퇴직을 하면서는 지출을 최대한 줄여야 한다. 수입이 줄어든 만큼 꼭 필요한 곳이 아니면 지출을 줄여야 한다.

더 이상 남의 눈치를 보지 말고 실속 있게 살아야 한다. 우리나라에는 대형차가 소형차보다 많지만 우리보다 국민소득이 더 높은 일본에는 소형차가 더 많다. 일본사람들은 남의 눈을 의식하지 않고 살기 때문에 남에 대한 과시보다는 실속을 먼저 챙긴다고 한다. 퇴직 후에도 남의 눈치를 보면서 과소비를 하다가는 노후생활이 거덜 날 수도 있다.

'무소유'를 쓴 법정스님도 글을 쓰는데 익숙한 만년필이 있었는데, 다른 사람으로부터 더 좋은 만년필을 선물 받고서 부터는 전의 만년필에 애착이 가지 않더라고 했다. 전의 만년필의 가치가 새것으로 인해 사라진 것이다. 스님의 무소유는 아무 것도 가지지 않는 것이 아니라 불필요한 것에 대한 욕심을 버리라는 것이다. 학생들이 필통에 연필을 여러 자루 가지고 다니지만 주로 사용하는 것은 한 자루일 뿐이다. 나머지는 있어도 그만 없어도 그만으로 남을 주어도 되는 것들이다. 부부모임이 있을 때 부부가 외출 준비를 하려면 아내가 몹시 분주해진다. 아내는 무엇을 입고 갈까 이것저것 입어보다 결국에는 입을 만한 옷이 없다고 투정을 부린다. 옷장에는 옷이 가득한데도 입을 만한 옷이 없다는 것이다. 지금 옷장에 있는 옷들은 처음 샀을 때는 즐겨 입던 것들이었지만 해가 지나면서 유행이 지나 입을 수가 없거나 체형이 바뀌어 몸에 맞지 않아 입을 수가 없는 것들이다. 그러면 왜 입을 수도 없는 옷들을 정리하지 못하고 옷장에 모두 모셔두고 있을까? 계절이 바뀌어 옷장을 정리할 때마다 매번 그것들을 꺼내보지만 다시 제자리로 돌려놓고 만다. 이유는 옷을 처분하려고 할 때마다 그 옷을 살 때의 가격이 마음에 걸리기 때문이다.

그런데 그 옷들은 이미 입어서 감가상각이 되었고 유행에 뒤지기 때문에 살 때의 가격을 그대로 고집하면 안된다. 입지 않고 있는 옷들을 처분해 옷장을 비워야 옷장을 다시 필요한 새 옷으로 채울 수가 있다. 처분하기는 아깝고 내가 입기도 그렇고 하는 옷이 있으면 필요한 사람에게 나누어 주도록 하자. 나에게 필요 없는 물건을 남에게 주려고 하지 말고 나에게 아까운 물건을 남에게 주어야 한다. 나에게 필요 없는 물건은 남에게도 필요 없을 수 있다. 아무리 고가의 물건이라 할지라도 사람이 죽으면 물건의 가치도 죽는다. 사람이 살아 있을 때 그 사람 물건의 가치도 살아있는 것이다. 예를 들어, 시어머니가 고급 모피를 가지고 있지만 잘 입지 않고 있어 며느리에게 선물로 주면 며느리는 아주 고마워할 것이다. 그러나 시어머니가 고급모피를 며느리에게 주지 않고 돌아가셨다면 며느리는 시어머니의 고급모피에 더 이상 관심이 없다. 모피의 가치도 시어머니와 함께 생을 마감했기 때문이다. 내가 필요 없는 것은 남에게도 필요 없을 수 있으며, 내가 아까워하는 것을 남에게 주었을 때 받는 사람도 그 물건의 가치를 알게 된다.

집에 있는 냉장고가 작다고 생각하는 사람은 오늘 바로 냉장고의 전원을 내리고 하루를 지내보자. 하루가 지난 후 상한 음식이 있다면 버려버리자. 냉장고가 우리생활에 도입되고부터 사람들은 필요 이상의 식재료를 사다가 냉장하거나 얼렸다가 먹는다. 신선한 생태보다 동태가 맛이 떨어지는 것처럼 냉장고에 신선한 식품을 장기간 보관하면 맛이 떨어지고 신선도가 떨어진다. 옛날 우리의 어머니들이 매일 장바구니를 들고 오후에 시장에 나가 오늘 먹을 만큼의 신선한 식재료를 사다 신선한 음식을 해주셨던 기억을 대부분 가지고 있을 것이다. 냉동실에 얼려있는 오래된 음식들은 대부분 아까워서 보관하였지만 결국에는 버리는 것이 더 많을 것이다. 생활도구들도 퇴직을 기회로 꼭 필요한 것을 제외하고 정리하도록 하자. 정리한 만큼 자신이 이용할 수 있는 공간은 더 넓어진다.

범인은 덧셈에 매달리고 프로는 뺄셈에 집중한다고 한다. 퇴직 후에는 덧셈보다는 뺄셈에 집중하는 프로가 되어보자. 프로는 버릴 것은 버리고 확실한 효과가 기대되는 몇 가지에만 집중한다고 한다. 이제 노후준비의 프로가 되어 보자.

5) 퇴직 후의 삶에 대한 잘못된 편견을 버려라

① 퇴직 후 농촌에 가서 농사나 짓겠다고?

베이비부머들은 상당수가 농촌 출신이기 때문에 도시에서 일을 하면서도 언제나 농촌을 마음의 고향으로 생각하고 있다. 많은 사람들이 퇴직 후에는 농촌에 내려가서 농사나 지으면서 살겠다는 말을 자주 하는 것도 이 때문이다. 실제로 외환위기 이후 경제가 어려워지면서 실직한 많은 사람들이 농촌으로 귀농을 한 것으로 나타났다. 일부는 농촌생활에 잘 적응하여 현재까지 살고 있고, 또 다른 일부는 적응에 실패하여 다시 도시로 되돌아왔다. 퇴직자들이 귀농을 꿈꾸는 이유는 자신들이 농촌출신이라는 것 외에 TV나 신문에서 자주 귀농하여 성공한 사람들의 성공담과 전원생활의 여유로움을 보여주고 있어 누구나 귀농해서 열심히 일하면 성공할 수 있다고 생각을 하고 있기 때문이다. 베이비부머들은 대부분 경제적 어려움 속에서 어린 시절을 보냈고 외환위기와 같은 경제적 위기도 잘 극복했기 때문에, 어떤 환경 어떤 어려움이 있어도 잘 극복해 낼 수 있다는 자신감을 많이 가지고 있기 때문이기도 하다. 이들 상당수는 비록 나이는 50대이지만 마음만은 아직도 팔팔한 30대라는 생각들을 가지고 있다. 실제로도 주변에서 퇴직 후 집을 팔고 시골 내려가서 농사나 지으면서 두 부부 오순도순 살겠다는 사람들을 자주 보았을 것이다.

그러나 농촌일은 생각처럼 그렇게 쉽지가 않다. 먼저 농촌에서는 정기적인 수입을 얻기가 어렵다. 농산물은 수확을 해서 판매를 해야만 수입이 생기기 때문에 농촌에서는 씨앗을 뿌리고 수확을 할 때까지는 전혀 수입이 없다. 공산품은 생산과정에서 자연환경의 영향을 덜 받고 생산자가 판매가격을 결정하지만, 농산물은 자연환경의 변화에 민감하며 판매가격을 생산비를 고려하여 생산자가 결정하는 것이 아니라 시장의 수요공급에 의해 결정되기 때문에 가격변동 폭이 매우 크다는 문제가 있다. 농사는 본인의 의지와 관계없이 잘 짓고 싶어도 비가 오지 않거나 너무 많이 와도 되지 않으며, 너무 덥거나 추워도 잘 되지 않는다. 농사가 잘되어 풍년이 들어도 기뻐할 일만은 아니다. 풍년이 들어 물량이 늘어나면 가격이 폭락하고, 흉년이 들면 가격은 오르지만 판매할 생산물이 적어진다. 요즘에는 오랫동안 농사를 지어온 전문 농사꾼들도 우리나라가 세계 각국들과 FTA협정이 이루어져 외국 농산물이 자유롭게 들어오면서 커다란 어려움을 겪고 있다. 그러니 농업에 전혀 경험이 없는 초보 농사꾼의 경우 더 큰 어려움을 겪게 될 것이 뻔하다. 앞으로도 이런 자연환경과 사회환경의 변화는 완화되기 보다는 더 심해질 전망이다. 과거 귀농했던 사람들 중 많은 사람들이 농촌생활에 적응하지 못하고 다시 도시로 되돌아오는 이유 중 하나도 사람들의 생각과 달리 농촌에서는 땀을 흘린 만큼 보람을 찾기가 어렵기 때문이다.

나이 들어서 낯선 농촌으로 내려가 인간관계를 새로 맺는다는 것도 쉽지가 않다. 자신이 평생 일을 하고 사회관계를 맺어온 도시를 버리고 어릴 적 향수가 남아있는 고향이나 전혀 낯선 시골로 내려가겠다는 것은 지금까지의 모든 사회관계로부터 자신을 고립시키겠다는 것과 같다. 도시에서 농촌으로 새로 이사 온 사람들을 농촌사람들이 좋게 볼 수도 있지만, 자신들과 다른 생활양식을 가진 사람들에게 이질감을 가질 수도 있다. 이 경우 마을사람들의 텃세로 적응과정에서 상당기간 마음고생을 할 수도 있다.

농촌으로 가려는 이유가 아침에 해가 뜨면 일어나서 집 앞의 텃밭을 가꾸고 낮에는 밭에 나가 일을 하다가 졸리면 들어와 낮잠을 자고 밤에는 풀벌레소리 들으며 별빛을 감상하는 목가적인 농촌풍경을 꿈꾸고 있기 때문일 수도 있다. 그러나 실제 농촌에서는 매일 아침 일찍 일어나 밭에 나가 일을 하다가 들어와 아침밥을 먹고, 다시 뙤약볕에 나가 풀을 뽑으며 일을 하다가 해질 무렵에 돌아와 피곤한 몸으로 저녁밥을 준비해서 먹고 일찍 잠자리에 들거나 저녁 연속극이 끝나면 곧바로 잠자리에 드는 단순한 생활이 계속된다.

진정으로 귀농을 하려는 사람들은 충분히 사전준비를 하고 가족의 동의를 얻어서 가야 한다. 농촌이 기계화가 되었다고는 하나 아직도 노동집약적인 일이 많아서 혼자서 하기가 힘들고 가족이 모두 협동을 해야 한다. 그런데 뜨거운 태양아래서 얼굴을 태우면서 일을 하고 싶어 하는 여성은 많지가 않다. 이는 농촌으로 시집가려는 한국여성들이 부족해서 많은 농촌 총각들이 말과 문화가 서로 다른 외국여성들과 결혼을 하고 있다는 현실로도 알 수 있다. 많은 남성들이 퇴직 후 아내와 함께 농촌으로 가서 조그만 텃밭이나 가꾸면서 여생을 보내려는 생각을 가지고 있는 반면, 여성들은 도시의 조그만 아파트에 살면서 친구들과 찜질방이나 가서 수다를 떨다가 가끔씩 여행이나 하면서 여생을 보내기를 원하고 있다. 노후 생활에 대한 남성과 여성의 생각이 이처럼 서로 다르기 때문에 귀농을 하고자 할 때는 먼저 배우자의 동의를 얻어야 한다. 그렇지 않으면 귀농을 하려다가 부부가 영원히 별거에 들어가는 불상사가 생길수도 있다. 실제로도 남편이 농촌에 먼저 내려오고 부인은 이런 저런 이유로 농촌으로 내려오지 않고 있어 실질적인 별거생활을 하는 부부가 적지 않다. 더구나 농촌생활을 하고 싶어서가 아니라 퇴직으로 할 일이 없는 도시에서 도피할 목적으로 농촌을 선택하려 한다면 귀농에 실패할 확률이 더 높다. 농촌에는 문화시설이 거의 없고 대화가 통할 수 있는 같은 세대의 사람들도 많지 않다. 이런 것들을 모두 수용할 마음의 자세가 되어 있다면 귀농을 해도 좋다.

② 양로원에나 보내달라고?

많은 사람들은 퇴직 후 시끄러운 도시를 떠나 한적한 바닷가나 농촌지역에서 농사나 지으면서 생활하다가 몸이 불편해지면

양로원에 들어가겠다는 소리들을 많이 한다. 가족들과 떨어져 외롭게 노후를 보내고 싶다면 그런 생각을 해도 좋다. 은퇴 후 자녀들이 있는 도시를 떠나 조용한 시골로 들어가면 자녀들이 처음에는 자주 찾아오겠지만 점차 찾아오는 횟수가 줄어들다가 나중에는 명절 때나 돼야 찾아올 것이다. 더구나 자녀들이 찾아오기가 불편한 외딴 시골지역이라면 방문횟수는 더 줄어들 수도 있다. 현재 농촌출신으로 도시에 나와 있는 젊은이들 중 상당수도 농촌에 부모님이 계시지만 명절 때나 특별한 가족행사 때를 제외하고 농촌을 잘 찾지 않는다는 것을 알아야 한다.

오랫동안 도시에 살아오면서 맺어온 인간관계가 유지되고 있는 생활터전을 떠나 전혀 새로운 지역으로 가겠다는 생각은 다른 한편으로 현실을 도피하려는 것과 마찬가지이다. 나이 들어서 어쩔 수 없이 자신의 공동체를 떠날 수밖에 없는 경우를 제외하고 스스로 자신의 공동체를 떠날 생각은 하지 말아야 한다. 대신 자신이 잘 알고 있고 오랫동안 생활터전이 되었던 곳에서 자신이 즐겁게 잘 할 수 있는 일을 찾아보는 것이 더 현명하다. 장수하는 노인들 대부분이 양로원에 있지 않고 가족과 함께 있는 것으로 나타나는 것도 양로원보다 가족과 함께 노후생활을 하는 것이 장수에 도움이 된다는 것을 반영하는 것이다. 장수하고 싶다면 양로원에 가지 말고 평생을 살아오던 곳에서 친숙한 사람들과 어울려 살아야 한다.

그렇지만 노인들이 자신을 스스로 부양하기가 어렵고 자녀들에게 의존하기도 어려울 경우에는 양로원을 생각해 볼 수도 있다. 실제로 퇴직 후 자신의 몸을 통제하기가 어려워 가족들에게 부담을 주지 않기 위해 스스로 유료 양로시설을 찾아가거나 사전에 가족들에게 부양이 어렵거든 양로시설에 보내달라고 부탁을 해두는 사람들도 있다. 양로시설에 들어가는 것에 대한 부정적인 인식이 예전보다 많이 줄어들었다고는 하지만, 아직도 상당수의 사람들은 양로원에 가는 것을 부정적으로 생각하고 있다. 양로시설을 스스로 찾아가든 자식들에 의해 보내지건 간에 양로시설에서 노후를 보낸다는 것에 대해서는 재고해 볼 필요가 있다. 물론 양로시설에서는 집에서 보다 돌봄이 체계적으로 이루어지고 있다고는 하지만, 자신의 집을 떠나는 순간 평생 정들었던 자신의 모든 것들과 이별을 해야 한다. 오랫동안 정들었던 자신의 애완동물들과도 헤어져야 한다. 한 평생 자신의 분신처럼 자신과 같이 했던 자신의 골동품들과도 헤어져야 한다. 양로시설에서 이용하는 것은 대부분 공용물품이며 개인의 것은 없다. 치매노인들은 자신의 것뿐만 아니라 남의 물건까지도 물품에 대한 집착이 대단히 크기 때문에 가끔씩 남의 물건을 가지려다가 구성원들과 갈등을 일으키기도 한다. 자신이 익숙한 환경을 떠나 어느 날 양로원에 가면 친근한 친구, 이웃, 주변 환경과 갑자기 단절된 소외감으로 우울증, 치매, 자살로 이어질 수도 있다고 한다. 치매시설에 맡겨진 노인들이 입소 초기에 집에 있을 때보다 치매정도가 더 심해지는 것처럼 보이는 것도 갑작스런 낯선 환경에 잘 적응하지 못해서 그렇다고 한다. 양로원에서는 돌봄을 필요로 하는 노인들이 많기 때문에 돌봄이 정해진 계획표에 따라 함께 이루어지며 개별적인 돌봄이 이루어지지 못한다.

양로원에 가는 대신 자신의 집에 머물면 평생을 같이 하던 낯

익은 물품들과 어울려 평생을 같이 보낼 수 있다. 낯선 곳에서 적응의 어려움을 느낄 필요도 없다. 장기요양보호제도를 일찍이 도입한 독일에서는 많은 노인들이 자신의 집에 혼자 기거하면서 매일 방문하는 요양보호사와 사회복지사의 보살핌을 받고 자신의 집에서 반려동물과 함께 살고 있는 것이 낯설지 않다고 한다. 독일의 경우 65세 이상의 노인 중 요양원이나 양로원에 기거하는 사람은 5%정도에 불과하고 나머지는 자신의 집에서 기기하고 있다고 한다. 우리나라도 2008년부터 장기요양보험제도가 실시되고 있어 몸이 불편하더라도 평생 살아온 집에서 요양보호사의 보호를 받으며 생을 마감할 수가 있다. 가능하면 자신이 친숙한 환경에서 친밀한 이웃과 함께 편안한 노후를 맞는 것이 삶의 질을 높이는데 도움이 된다. 자식들도 자신들 편하겠다고 부모의 의사와 상관없이 부모를 시설에 보내려는 생각을 하지 말아야 한다. 자신의 자식들도 부모가 하는 행위를 보며 자라고 있기 때문에 나중에 똑같이 따라할 것이라는 것을 잊지 말아야 한다. 국가도 대규모 양로시설에 집중적으로 투자하기 보다는 가정에서 노인을 돌보는 자녀들을 지원할 수 있는 제도를 적극 도입할 필요가 있다.

6) 규칙적인 운동을 하라

나이가 들어가면서 몸이 예전 같지 않게 여기 저기 이상이 생기고 병원을 찾는 횟수도 점차 늘어난다. 퇴직 후 갈 데가 없어 집에서 활동을 줄이다 보면 몸에 아픈 곳이 여기저기 생기고 몸이 점차 굳어진다는 것을 느끼게 된다. 몸이 굳는 것을 막기 위해서는 매일 규칙적인 운동을 해야 한다. 취업을 하고 있을 때는 매일 일정한 시간에 일어나 식사를 하고 출근을 해서 일을 하고 퇴근 후에도 일정시간에 잠에 드는 등 매일 규칙적인 생활을 하였다. 이때는 규칙적인 식사와 수면 그리고 출퇴근 과정이 규칙적인 운동 못지않게 건강에 도움이 되었었다. 퇴직 후에는 수면시간과 식사시간을 일정하게 유지해야할 이유가 없고 몸과 정신이 나태해져 운동량도 많이 줄게 된다. 이런 생활이 계속되다보면 몸에 이상이 생기고 병원 방문횟수가 점차 늘어나게 된다.

퇴직 후에도 계속 할 수 있는 일이 있다면 신체활동과 정신활동을 자극하게 되어 건강유지에 도움이 된다. 퇴직 후 특별히 할 일이 없다면 의도적으로 매일 규칙적인 운동을 하여야 한다. 특별히 운동할 만한 곳이 마땅하지 않다면 집 근처 헬스장에 나가 근육을 단련해 보라. 헬스는 젊은이에게만 필요한 것이 아니라 나이가 들수록 더 필요하다고 한다. 근육이 단련될수록 건강을 지키고 자신감도 회복할 수가 있다. 운동을 하고 싶은 마음이 없다면 취미활동이라도 규칙적으로 할 필요가 있다. 퇴직 후 취미생활이나 열심히 하겠다는 사람들이 많음에도 불구하고 실제 퇴직 후 취미활동에 적극적인 사람들은 많지 않다. 취미활동을 위해서는 교육비, 교재비, 장비 구입비 등 적지 않은 돈이 들어가기 때문이다. 돈이 부담이 된다면 큰돈을 들이지 않고도 즐거움과 건강을 동시에 지킬 수 있는 취미활동을 할 필요가 있다. 사람들이 나이 들어 많이 하는 취미활동 중 등산은 돈을 적게 들이고도 큰 효과를 낼 수 있는 운동이다. 산은 집 근처 어디에나 있고 조금 먼 거리도 대중교통을 이용해 접근이 가능하기 때문에, 등산은 적은 비용으로 쉽게 할 수 있는 운동이다. 등산은 같이 갈 사람이 없을 때나 다른 사람들을 만나는 시간을 절약하기 위해서 혼자 하는 것도 가능하지만, 나이 들어서는 만일의 사태를 대비하여 다른 사람들과 어울려 함께 하는 것이 바람직하다. 등산은 퇴직 후 다른 사람들과 자유롭게 어울려 자연을 즐기면서 할 수 있는 운동이기 때문에 많은 사람들이 추천하는 운동 중 하나이다.

걷기도 건강증진에 많은 도움이 되는 운동이다. 대소변을 가리지 못할 정도의 치매노인이 하루 30분 정도씩 자녀들의 손을 잡고 집안 거실에서 주방까지 매일 걷기를 반복하였더니 얼마 후 대소변을 가리게 되고 치매가 더 이상 진전되지 않더라는 영상자료를 본 적이 있다. 최근에는 공원주변이나 천변에 걷기운동을 할 수 있는 조깅코스들이 많이 개발되어 있어서 마음만 먹으면 어디에서나 쉽게 걷기운동을 할 수 있다. 여유가 된다면 우리나라 명소 곳곳에 개발된 올레길, 둘레길 등 걷기 운동을 위해 개발된 곳을 찾아가 걷는 것도 여행을 하면서 건강도 챙기는 효과를 얻을 수가 있다.

체력이 뒷받침된다면 자전거타기를 하는 것도 하체단련에 도움이 된다. 나이가 들수록 하체가 튼튼해야 하는데 하체단련에는 자전거 타기가 제격이다. 최근 대부분의 도시의 도로나 공원, 하천변 등에 도시 곳곳을 연결해서 갈 수 있는 자전거 도로가 생겨나고 있다. 정부도 최근 4대강을 개발하면서 강줄기를 따라 자전거가 갈 수 있도록 자전거 도로를 만들어 놓았다. 자전거 타기는 자동차 연료를 절약하기 때문에 건강도 지키면서 환경도 지킬 수 있는 일석이조의 운동이라 할 수 있다.

사람의 근육은 쓰지 않고 오래 두면 굳게 되고 결국에는 퇴화된다. 교통사고로 한동안 다리를 쓰지 못했던 환자가 치료가 끝나고 나서 다시 걷기위해서는 일정기간의 물리치료와 운동이 필요한 것도 이런 이유 때문이다. 몸이 굳어서 활동이 불편해지기 전에 매일 규칙적인 운동을 해서 몸을 유연하게 유지해야 건강을 지킬 수 있다. 우리나라의 100세 이상 장수한 노인들의 공통된 특징도 매일 쉬지 않고 몸을 움직인다는 것이다. 매일 집에서 청소를 하든가 텃밭에 나가 밭을 매든가 끊임없이 몸을 움직인다고 한다. 퇴직 후에는 건강유지를 위해 매일 한 가지 이상의 규칙적인 운동을 해야 한다.

7) 주변 사람들을 챙기고 웃는 얼굴로 대하라

퇴직 후에는 사람을 중요하게 여기야 한다. 재산을 잃으면 다음에 복구할 수 있지만, 사람을 잃으면 모든 것을 다 잃게 된다. 반대로 사람을 얻으면 모든 것을 얻을 수도 있다는 이야기다. 거상 임상옥은 부자가 되는 것은 사람을 얻는 것이라고 했다고 한다. 삼성의 창업주 이병철 씨도 무엇보다 사람을 중시했다고 한다. 퇴직자는 자신의 주변사람들을 중시해야 하지만, 특히 가족을 중요하게 여겨야 한다. 퇴직 전 회사를 다닐 때는 일을 열심히 해서 돈을 잘 벌어다 주는 것으로 가장의 역할을 다했다고 생각했지만, 막상 퇴직을 하려고 하면 가족에게 해준 것이 별로 없는 것 같아 후회가 될 것이다. 젊어서 아이들이 아빠를 필요로 할 때는 회사일로 바빠서 아이들과 놀아줄 수가 없었고, 이제 퇴직을 앞두고 아빠 노릇 좀 하려고 하니 아이들이 다 커서 독립할 때가 되었거나 결혼을 하여 아빠의 도움을 필요로 하지 않게 되었을 것이다. 앞으로 지금보다 더 이른 시간은 없다. 지금이라도 아이들과 배우자에게 좋은 사람이 되도록 노력해야 한다. 세상에서 가장 행복한 사람은 자신이 하는 일을 지지하는 동조자가 있는 사람이다. 퇴직 후에 새롭게 일을 해보려고 하면 두렵고 자신감이 떨어지는데, 자신의 가장 큰 동조자라고 믿었던 가족이 무관심하거나 반대하면 어떤 일도 새롭게 시작할 수가 없다. 가능하면 퇴직 전 경제력이 있을 때부터 가족들의 지지를 얻도록 노력해야 퇴직 후에도 가족의 눈치 보지 않고 당당해 질 수가 있다.

퇴직 후에는 자신의 가족뿐만 아니라 부모, 형제자매와 어떠한 관계로 지냈는지도 되돌아보아야 한다. 이들은 오늘의 자신을 있게 한 매우 중요한 사람들이기 때문이다. 그들에게 서운하게 한 것은 없는지, 그들에 대해 서운한 것은 없는지 생각해 보아야 한다. 그들이 언제가 무엇을 해달라고 하였지만 여유가 없어 해주지 못해 미안한 마음이 있다면 지금이라도 자신의 능력 안에서 해주도록 노력해야 한다. 자신은 해준 것이 별로 없는데 받기만 하였다면 고맙다는 말과 사랑한다는 말을 꼭 전해야 한다. 내 마음을 상대방이 알고 있을 것이라고 생각하겠지만 표현하지 않으면 상대방은 알 수가 없다. 특히 형제자매는 어린 시절을 같이한 매우 가까운 사이지만 결혼과 함께 자신들의 생활에 바빠서 관계가 멀어진 경우가 많다. 자신이 먼저 형제자매들을 초대해 식사라도 하면서 그 간의 이야기들을 나누고 혹시 오해하거나 서운한 것이 있으면 풀어주도록 해야 한다. 이제 자신의 인생에서 남아 있는 시간은 지나간 시간보다 훨씬 짧다. 지금 행동으로 옮기거나 말하지 못하면 영원히 마음속의 짐으로 남을 수도 있다. 퇴직 전 조직생활을 할 때는 주로 일과 관련한 사람들과 어울려 모임을 가졌다면, 퇴직 후에는 자신에게 중요한 사람들과 어울려 의미 있는 활동들을 해야 한다. 중요한 사람들과 정기적인 모임을 갖는 것도 노후를 행복하게 사는 방법 중 하나이기 때문이다.

나이 많은 사람들은 자주 다른 사람들에게 자식들을 자랑하지만, 막상 집에 있다 보면 자주 찾아오지 않는 자식들이 야속하기조차 하다. 자신이 어렵거나 손주들이 보고 싶을 때 몇 번을 망설이다가 자식들에게 연락을 해보지만 바쁘다는 이유로 다음을 기약하고 만다. 자신이 필요할 때 바로 달려와 도움을 주는 사람은 가족이 아니라 친구와 이웃이라는 것을 알아야 한다. 가족은 대부분 도시에 살면서 명절 때나 가족 행사가 있을 때만 찾아오지만, 이웃이나 친구는 매일 만나 안부를 묻고 먹을 것이 있으면 같이 나누어 주고 어려움이 있으면 서로 도와주는 사이다. 나이 들어서는 가족보다 친구와 이웃에 더 의존하게 된다. 특히 장수사회가 되면 장수국가인 일본에서 보는 것처럼 가족이 해체되고 왕래가 거의 없고 이웃이나 친구가 더 중요해진다. 좋은 친구와 좋은 이웃을 둔다는 것은 장수를 위해서도 매우 중요하다. 우리 사회에서도 가족이 점차 해체되고 있다. 노인을 돌보는 것은 가족이 아니라 이웃사람들이다. 이웃사람과 좋은 이웃관계를 유지해야 행복하게 오래 살 수 있다.

우리 속담에 웃는 얼굴에 침 뱉지 못한다는 말이 있다. 퇴직 후 웃을 만한 일이 없고 생활에 짜증이 난다고 해도 웃음과 유머를 잃지 말아야 한다. 다른 사람에게 보내는 밝은 미소와 유머는 상황을 변화시키고 어려움을 극복하게 할 수 있다. 웃음은 사람들 사이에서 긴장을 풀고 두려움을 없애는데도 도움을 준다. 우리가 서로 말이 통하지 않는 외국인을 만나 어색하게 마주하고 있을 때 가만히 있기 보다는 입가에 미소라도 지으면 상대방도 따라 웃으며 어색한 분위기를 벗어날 수 있다. 서로 눈웃음이라도 웃다보면 서먹함이 사라진다. 웃음은 불리한 상황에서도 용기를 줄 수 있고 상황을 변화시킬 수 있기 때문에 자신이 어떠한 상황에 있더라도 언제나 웃음을 잃지 않아야 한다. 요즘에는 웃음도 돈을 주고 배운다. 웃음치료사라는 것이 있어서 돈 주고 학원에서 웃음을 배우고 있다. 억지웃음이 도움이 될까 싶지만 억지웃음도 웃다보면 자연스럽게 웃게 되어 도움이 된다는 것이다. 그리고 웃다보면 스스로 행복해진다는 것이다. 남을 위해 웃으면서 자신의 건강과 행복도 챙길 수 있다고 하니 많이 웃어보자. 웃는 얼굴과 함께 유머감각도 있어야 한다. 평소 많은 유머를 연습하여 어색한 자리에서도 다른 사람들에게 즐거움을 줄 수 있는 사람이 되어보자. 항상 재미있는 이야기를 많이 하는 사람 주변에는 사람들이 모이게 되어 있다. 다른 사람들에게 재미있는 이야기를 해주면 다른 사람도 즐겁고 자신도 다른 사람에게 즐거움을 줄 수 있어 행복감을 느낄 수 있다.

우리가 사람들 간에 교류를 지속할 수 있는 것은 서로 간에 주고받을 만한 것이 있기 때문이다. 옛날 노인들이 젊은이들로부터 존경을 받을 수 있었던 것은 노인들에게는 젊은이들이 가지지 못한 삶의 지혜를 많이 가졌기 때문이다. 노인들은 젊은이들에게 삶의 지혜를 나누어주고 젊은이는 이런 노인들을 존경하는 교환 관계가 성립했던 것이다. 노인들이 가지고 있는 삶의 지혜라는 것은 대부분 농업과 어업활동에 필요한 지식들로 주로 씨앗의 파종시기라든가 고기를 잡는 방법과 관련된 것들이다. 그런데 오늘날 1차 산업이 퇴보하고 3차 산업이 발달하면서 더 이상 1차 산업과 관련된 삶의 지혜가 젊은이들에게 필요하지 않게 되었다. 이제 노인들로부터 얻을 것이 없는 젊은이들은 노인들에게 존경을 표하지 않으며 오히려 부담스러운 존재로 생각하고 있다. 이제 나이 들었다고 위엄만 지키려고 하지 말고 유머감각을 가지고 즐거운 마음으로 젊은이들을 대해야 한다. 특히 퇴직 후에 많은 사람들이 관심을 가지고 있는 봉사활동의 조직은 권력이나 나이에 근거한 권위주의적인 수직구조가 아니라 모든 사람들이 대등한 수평구조이다. 봉사활동 조직은 같은 목적을 가지고 모인 사람들로 이루어진 조직이기 때문에 의사결정 과정에 다소 불만이 있더라도 합의에 이를 때까지 웃으며 인내할 필요가 있다. 웃음은 자신을 편안하게 할 뿐만 아니라 다른 사람을 즐겁게 한다. 웃으면서 마음을 편안하게 갖는 것은 자신을 받아준 집단 성원들에 대한 감사의 표현이며 건강하게 장수하는 비결이기도 하다.

8) 은퇴상품을 파는 사람들의 말을 경계하라

은퇴 후 무엇을 할 것인가라는 질문에 많은 사람들은 독서, 여행, 악기배우기 등 취미생활을 하겠다는 이야기들을 많이 한다.

독서와 여행 같은 취미생활을 하기 위해 은퇴를 한다는 말인가? 취미생활은 은퇴 전 평소에 일을 하면서 생활에 활력을 불어넣기 위해 가끔씩 하는 것이다. 은퇴 후 여행만 다니는 사람도 없다. 여행은 일을 하고 휴식을 위해 또는 생활이 지루하고 따분할 때 생활에 활력을 얻기 위해 가끔씩 하는 것이다. 그런데 왜 사람들은 은퇴 후 취미생활이나 하면서 노후를 즐기겠다는 생각을 하는 것일까?

오랫동안 노후문제를 주로 금전적인 문제로 다루어 온 상업적 매스미디어 덕분이라는 생각이 든다. 매스미디어나 금융권의 상품 홍보물에서는 퇴직 후에 취미생활이나 하면서 소일하는 노인을 인생의 가장 멋진 모습으로 그려왔다. 이런 매스미디어에 오랫동안 노출되다보면 사람들은 자신도 모르게 퇴직을 하면 저들처럼 취미생활이나 하면서 노년을 보내고 싶다는 욕망을 가지게 된다. 그 외에도 선거철마다 정치권에서는 선거공약 책자를 통해 자신들이 집권하면 사회복지 예산을 확대하고 복지정책을 확대하겠다고 공약을 발표하면서 새로운 복지제도 하에서 행복해하는 노인들의 모습을 자주 보여주었다. 여러 번의 선거를 통해 이런 모습을 자주 지켜보다 보면 그것이 자신의 미래가 될 수도 있다는 환상에 사로잡힐 수 있다. 일부 광고에서는 열심히 일한 당신 떠나라면서 열심히 일한 후의 여행을 부추기고 있다. 그러다보니 은퇴는 힘든 노동 후에 주어지는 사회적 배려라는 착각을 하게 된 것이다. 상업적 매스미디어와 금융권에서는 노후준비는 퇴직 전 일을 할 수 있을 때 모두 마쳐야 되고, 안락한 노후를 위해서는 집을 제외하고 10억은 있어야 된다고 강조해 왔다.

그러다보니 그렇지 못한 대다수의 사람들은 노후에 대한 막연한 불안감을 가질 수밖에 없다.

은행, 보험, 투자회사 사람들은 퇴직자들을 위한 퇴직상품을 판매한다. 퇴직을 대비해서 수입의 상당부분을 저축하거나 주식과 펀드에 투자하고 보험에 가입할 것을 권유한다. 이들의 상품에 대한 이야기를 들어보면, 미래는 매우 두렵고 불안한 것처럼 들린다. 보험을 파는 사람들은 과거에 들었던 보험은 매우 부실해서 빨리 해약하고 새로운 보험에 가입하지 않으면 미래가 매우 불안하다고 한다. 그러니 새로운 보험에 들어도 미래가 불안하기는 마찬가지다. 은행이나 투자회사들은 단기간에 부자가 될 수 있는 새로운 상품에 가입하면 빠르게 부자가 될 수 있으니 빨리 상품에 가입하고 부자가 되어 조기에 은퇴하여 취미생활을 하면서 노후를 즐기라고 홍보한다. 퇴직상품을 파는 광고와 신문기사에는 어떻게 돈을 투자해서 돈을 벌고 은퇴하여 노후를 편안히 보낼 수 있는가에 대한 것들로 가득 차있다. 그들은 행복하게 은퇴생활을 하고 있는 사람들의 모습을 보여주며 자신들의 상품으로 투자에 성공하면 조기에 은퇴가 가능하다고 강조한다. 그렇지 않아도 평균수명이 길어지면서 은퇴 후 살아가야 할 날이 늘어났는데 하루 빨리 일을 그만두고 편안하게 살라고 한다. 그럴듯한 이야기로 들리지만, 인간의 평균수명이 길어진 만큼 조직에서 더 오래 있어야지 오히려 더 빨리 일을 그만두라고 하는 말을 그대로 믿어서는 안된다. 은퇴를 상품으로 파는 사람들의 이야기를 들어보면, 자신이 아무리 퇴직 준비를 잘 했다고 해도 턱없이 부족하고 미래가 불안한 생각이 들 것이다. 물론 여유가 있어서 그들의 이야기처럼 노후준비를 철저히 하면 좋겠지만, 대부분의 사람들은 먹고살고 자녀들 교육시키기에 바빠 그렇게 준비할 수가 없기 때문에 노후준비에 대한 이야기를 들을 때 마다 미래에 대한 불안감이 더 커질 수밖에 없다. 그렇지만 그들의 이야기처럼 그렇게 노후를 준비하고 노후를 즐길 수 있는 사람이 얼마나 되겠는가?

미국 애리조나 주 외곽에 세계 최초의 은퇴자 커뮤니티인 선시티(sun city)가 있다. 이 실버타운은 골프코스가 주택단지를 둘러싸고 있고 볼링장, 수영장 등 여가와 오락을 위한 시설들을 고루 갖추고 퇴직 미국 중산층들을 유혹하고 있다. 이 시설은 은퇴를 여가생활로 보고 적극적인 노후생활과 새로운 삶의 방식을 표방한 델버트 웹이라는 사람에 의해 1960년 1월 1일 오픈되었다. 퇴직 후 돈이 있지만 무엇을 하며 시간을 보내야 할 지 모르고 생활하던 퇴직자들이 사업의 대상이 된 것이다. 그는 이들 퇴직자들이 가족을 떠나 노인들만 거주하는 신도시로 올 것이라고 생각하고 황량한 벌판에 노인전용 실버타운을 건설하였다. 그의 생각대로 많은 미국 중산층노인들이 가족을 떠나 이곳으로 몰려들었다. 그렇지만 실제 이와 같은 좋은 시설의 실버타운에 거주하는 노인인구는 미국 전체 노인의 5~10%에 불과하다고 한다. 선진국인 미국에서도 여유 있게 노후를 줄길 수 있는 사람이 많지 않다는 이야기다.

노인들의 노후를 안락하게 보장해 줄 것이라고 대대적으로 광고하던 국민연금도 2018년이 되면 보험료 산정기준이 되는 수입의 60%에서 45%로 줄어들게 되어 있다. 정부가 오래전부터 홍보

해오던 국민연금과 복지계획들이 출산율 저하라는 문제를 만나면서 수정될 수밖에 없게 되었다. 의학기술의 발달과 생활양식의 변화로 평균수명이 길어지면서 복지혜택을 받아야 할 노인인구가 크게 늘어나는 반면, 이들을 부양해야 할 젊은이들이 크게 감소하면서 국가복지계획의 전면적인 수정이 불가피해진 것이다. 아울러 사회 전반적으로 교육 인플레이현상과 취업준비기간이 길어지면서 젊은이들의 경제활동 참여시기가 늦어지고 있고 경제활동 참여율도 낮아지면서 세수도 줄어들 전망이다. 가입만 하면 노후에 일하지 않고 취미생활만 해도 된다던 개인연금도 가입 시는 큰돈일지 몰라도 노후에 수령할 때 물가를 고려해보면 노후를 보장하기에는 한계가 있다. 목돈을 마련할 수 있다고 은행과 보험이 제안하던 투자종목들 중 현재 수익을 내는 상품은 한정되어 있다. 금융권이 무너질 것이라는 것을 과거에는 상상도 하지 못했지만 오늘날에는 현실로 심심치 않게 나타나고 있다. 은행이나 보험의 광고도 이제 액면 그대로 믿었다가는 큰 코 다칠 수 있다는 이야기다. 대부분의 은퇴상품은 경제적 여유가 있는 사람들에게는 가능하겠지만, 그렇지 않은 대부분의 사람들이 가입하고 노후를 보장받기에는 한계가 있을 수밖에 없다.

앞으로도 은퇴 후의 행복한 삶에 대한 글이나 다큐멘터리를 볼 때와 연금제도, 저축제도, 투자방법에 대한 조언을 들을 때마다 미래에 대한 두려움은 더 커질 수밖에 없다. 그런데 노후를 위해 특정상품에 가입하면 노후가 안전하게 보장될 것이라는 이들의 말은 위와 같은 현실적 상황을 고려해 보면 나중에 결과야 어떻게 되든 우선 돈부터 내 놓으라는 말과 같다. 이제 노후의 안전을 그들에게 전적으로 맡기기보다는 자신이 주체가 되어 자신의 미래를 스스로 설계할 필요가 있다.

9) 항상 미래를 위한 꿈을 가져라

인터넷에 작가가 알려지지 않은 상태로 돌아다니고 있는 어느 95세 어르신의 수기를 읽어본 적이 있다. 그 어르신은 젊어서 열심히 일했고 실력도 인정받다가 60세 때 정년으로 은퇴를 하고 그 동안 모아놓은 재산으로 35년 동안 하는 일 없이 지내다가 95세 생일날 후회의 눈물을 많이 흘렸다고 한다. 퇴직 전 60년 생애는 자랑스럽고 떳떳했지만 이후 35년의 삶은 부끄럽고 후회스럽고 비통한 삶이었고 한다. 퇴직 후 '이제 다 살았다. 남은 인생은 덤이다.'라고 생각하고 그저 고통 없이 죽기만을 기다렸다는 것이다. 덧없고 희망이 없는 삶, 그런 삶을 무려 35년이나 살았다는 것이다. 35년이란 시간은 지금까지 살아온 자신의 95년 세월 중 3분의 1이 넘는 긴 시간이다. 만일 자신이 퇴직할 때 앞으로 35년을 더 살 수 있다고 생각했다면 그렇게 살지는 않았을 것이라는 것이다. 그 때 스스로 뭔가를 새론 시작하기에는 너무 늙었다고 생각한 것이 큰 잘못이었다는 것이다. 지금 나이 95살이지만 정신이 또렷하고 앞으로 10년이나 20년을 더 살지도 모른다며, 이제 하고 싶은 어학공부를 시작 하고자 한다고 했다. 10년 후 맞이하게 될 105번째 생일날 95살 때 왜 아무것도 시작하지 않았는지 후회하지 않기 위해서 열심히 하겠다고 했다.

은퇴는 인생의 끝이 아니다. 인생의 끝은 나이와도 상관이 없다. 나이든 사람이 먼저 죽고 젊은 사람이 늦게 죽는 것도 아니다. 젊은 사람들도 세상 살기가 싫다고 스스로 일찍 생을 마치거나 사고로 인생을 일찍 마치기도 한다. 중요한 것은 나이가 아니라 어떻게 미래에 대한 꿈을 가지고 주어진 인생을 자신의 신체리듬에 맞게 충실하게 살아가느냐 하는 것이다.

어떤 사람이 농촌을 떠나 도시에서 생활하다가 휴가차 농촌의 부모님 댁에 들렸다. 아버지가 밭을 갈러간다고 하시기에 그렇지 않아도 늙으신 부모님이 힘든 농사일을 하는 것이 안타까워 도와주고 싶었는데 잘 되었다는 생각에 따라나섰다. 아버지가 밭을 갈기 위해 소에 쟁기를 지우고 모서리부터 밭의 양끝을 왔다 갔다 하면서 밭을 갈기 시작하였다. 밭은 삐뚤어져 있지만 아버지는 밭이랑을 반듯하게 갈고 있었다. 아들이 보기에 밭가는 것이 그렇게 어렵지 않은 것 같이 보여 아버지에게 쉬라고 하고 자신이 해보았다. 아들이 소를 몰고 밭을 갈아보니 아버지가 할 때와는 다르게 밭이랑이 삐뚤빼뚤하게 엉망이 되었다. 이 모습을 지켜보고 있던 아버지가 아들을 불러 자신이 밭을 어떻게 반듯하게 갈 수 있었는지를 설명해 주었다. 아버지는 소를 몰고 갈 때 아들처럼 소 뒷다리를 쳐다보면서 소를 몰고 가지 않았다는 것이다. 그러면서 밭의 양쪽 끝에 있는 나무와 바위를 보라고 하셨다. 나무와 바위는 모두 움직이지 않는 것으로 서로 반대방향에 있기 때문에, 그 둘 사이를 서로 왔다 갔다 하면 직선이 난다는 것이다. 저쪽으로 갈 때는 밭의 끝에 있는 나무를 바라보면서 소가 한눈을 팔지 못하도록 소를 몰고 가고, 이쪽으로 올 때는 이쪽 바위를 바라보면서 소가 한눈팔지 못하도록 몰고 왔다는 것이다. 그렇게 양쪽에 목표를 세우고 두 곳을 왔다 갔다 하면 반듯하게 직선이 난다는 것이다. 그런데 목표로 삼은 것이 나무와 돌처럼 움직이지 않는 것이 아니라 사람이나 소처럼 움직이는 것을 목표로 했다면 그들이 움직여서 밭을 반듯하게 갈수가 없었을 것이다. 인생도 마찬가지다. 사람이 자신의 인생의 밭을 갈면서 가려는 쪽에 목표를 세우지 않고 간다면 인생길도 아들이 간 밭처럼 지그재그 모양이 될 것이다. 인생목표가 없이 살다보면, 다른 사람들의 유혹에 쉽게 넘어가고 흔들리면서 인생의 밭을 갈지자로 갈 수 밖에 없다. 인생 밭을 반듯하게 갈기 위해서는 먼저 자신의 인생 목표를 세우는 것이 무엇보다 중요하다. 나이 들어서도 하고자 하는 목표, 즉 꿈을 가져야 한다.

우리가 나이가 들었다고 꿈이 없는 것이 아니라 나이가 들어가면서 꿈을 실현할 용기가 부족한 것이다. 꿈을 잃은 사람은 미래가 없다. 항상 미래에 대한 꿈을 가지고 그것을 마치 현실인 것처럼 머릿속에 그리면서 시각화하고 실현하려고 노력해야 한다. 우리가 골프를 처음 배울 때 프로골프들이 멋지게 볼을 쳐내는 모습을 머릿속에 이미지로 그리고 자신이 프로골퍼인 양 따라하면서 이미지 트레이닝을 한다. 아무도 없는 사무실이나 길거리에서 두 손을 모아 골프 치는 모습을 하며 허공을 향해 손을 크게 휘두르는 모습을 많이 보았을 것이다. 마찬가지로 꿈을 가지고 실천을 위한 구체적인 계획을 머릿속에서 계속 구상하다보면 실제로 실천에 옮길 수가 있다. 그리고 꿈은 혼자 머릿속에서 혼자만 가지고 있지 말고 다른 사람에게 계속 말로 설명하도록 해야 한다. 그러다보면 다른 사람들에게 한 약속을 지키기 위해서라도 그 꿈을 실천에 옮길 가능성이 커진다. 자신의 꿈이 체력을 요하는 것이라면 하루라도 더 늙기 전에 실행에 옮기도록 해야 한다. 나이가 들어 갈수록 몸을 스스로 통제하기가 더 어려워지기 때문이다.

일본의 미쓰시다전기의 창업주이며 경영의 신으로 알려진 마쓰시다 고노스케는 90살이 넘어 중국어를 배우기 시작하여 3년 후에 중국에 가서 중국 젊은이들에게 중국어로 강의를 하였다고 한다. 통역이 동행한 일본인들을 위해 중국어를 일본어로 다시 통역해야 할 정도로 중국어를 잘 하였다고 한다. 그는 여기서 그치지 않고 다시 러시아 젊은이들을 만나기 위해 러시아어를 배우기 시작하였다고 한다. 인생의 목표가 있으면 삶의 의욕이 생기고 생각이 젊어진다는 것을 알 수 있다. 자신의 나이에 맞는 미래에 대한 꿈을 가져야 하루하루 의미 있는 삶을 살 수가 있다.

2. 퇴직자가 절대 하지 말아야 할 9가지

1) 퇴직을 두려워하지 마라

오랫동안 직장에서 생활해온 사람들은 대부분 퇴직이 가까워오면 노후에 대한 준비정도에 따라 정도의 차이는 있겠지만 심리적으로 두려움을 갖게 된다. 사람들은 퇴직 후 수입 감소에 따른 경제적 어려움, 조직에서 평생 쌓아온 사회적 지위의 상실, 일을 하면서 쌓아온 사회적 관계의 단절, 퇴직 후 치매, 뇌졸중 등과 같은 노인성 질환에 걸릴지도 모른다는 등의 두려움을 갖게 된다. 인간은 누구나 지금까지 자기가 걸어왔던 길과 다른 길을 가고자 할 때 설렘과 동시에 두려움을 갖게 된다. 퇴직처럼 자신이 평생을 해온 일을 하루아침에 그만 두고 전혀 새로운 길을 가려할 때 두려움을 갖게 되는 것은 아주 당연한 것이다. 두려움이라고 하는 것은 앞으로 일어나지 않을 수도 있는 미래의 일을 미리 겁내기 때문에 생긴다고 한다. 이 두려움 때문에 많은 사람들은 자신이 하고 싶어 하는 일들을 시작도 하지 못하고 포기하게 된다. 만일 사람이 새로운 일을 시작하면서 두려움을 갖지 않을 수 있다면 지금보다 훨씬 많은 일들을 할 수 있을 것이다. 그렇다면 두려움은 왜 생기는 것일까?

다이엔 콘웨이는 사회생활을 하면서 우리가 갖게 되는 두려움을 크게 여섯 가지로 나누어 설명하고 있다. 그 중 세 가지에 대해서 생각해보자.

첫째, 거절에 대한 두려움이다. 어떤 부탁을 했을 때 거절을 당하면 심하게 마음의 상처를 받고 창피함을 느끼게 될 것이라는 생각 때문에 두려움이 생긴다는 것이다. 그런데 거절을 당할까봐 두려워 모험을 하지 않는 것은 꿈을 이루려는 열망이 부족하기 때문이라고 한다. 거절을 당했을 때도 너무 쉽게 포기하거나 자신을 너무 거부하지 말라고 한다. 자신이 남으로부터 사랑받지 못할 때 자신을 사랑해야 할 사람은 바로 자기 자신이기 때문이다. 거절을 당했을 때 실망할 수도 있겠지만, 곧 오기와 성공이 기다리고 있다는 것을 생각하라는 것이다.

둘째, 서투르게 보이는 것에 대한 두려움이다. 이것은 사람들이 나를 이상하게 생각할까 주저하는 데서 나온다고 한다. 그러나 남들에게 잘 보이려고 너무 애쓰지 말라고 한다. 자신이 어떤 행동을 하더라고 일부는 좋아할 것이고, 다른 일부는 싫어할 것이며, 다수의 사람들은 남의 행동에 관심을 갖지 않을 것이라는 것이다. 그러므로 다른 사람이 나를 어떻게 생각하든지 관심 없다고 생각하고, 먼저 바보스럽게 보이면 이러한 두려움으로부터 자유롭고 자신감을 가질 수 있다는 것이다. 남들 앞에 나섰다가 실패하면 잃는 것은 두려움뿐이라고 생각하라는 것이다.

셋째, 미래에 대한 두려움과 과거에 대한 후회다. 미래에 대한 두려움을 없애는 방법은 구체적인 행동계획을 세우고, 그 계획을 하나씩 실천에 옮기면서 결과에 대해서는 신경을 쓰지 않는 것이다. 반대로 최악의 경우를 생각하는 것도 두려움을 없애는 하나의 방법일 수 있다. 일이 어떻게 될지 모른다고 해서 아무것도 하지 않는다면 발전은 없다. 두려움과 맞서는 사람들은 위험을 알고 있지만, 단지 자신의 고귀한 삶을 위해 가치 있는 모험을 즐길 뿐이라는 것이다. 그리고 과거에 내가 무엇을 할 수 있었는데, 또는 무엇을 해야 했는데 하면서 지금 후회해봤자 이제 쓸모가 없다는 것이다. 지금 필요한 것은 과거에 생각만 하고 막연한 두려움 때문에 실천에 옮기지 못했던 계획들을 찾아서 다시 시작해 보는 것이다. 우리가 계획을 실천에 옮기지 못하는 것은 실패할지 모른다는 막연한 두려움 때문이다. 실패할지도 모른다는 막연한 두려움이 자신이 싫어하는 삶에 자신을 가두어 두고 어떠한 선택도 하지 못하게 하고 있는 것이다. 나에게 두려움이 없다면 나는 무엇을 하고 싶은가 하는 질문을 스스로에게 해보면 일시적으로 자신이 스스로에게 부여한 한계로부터 자유로워질 수 있다고 한다. 일단 새로운 일을 시작하는 것에 대한 두려움을 없애야 한다. 자신의 일을 하기위해서는 자신을 과신하는 것도 문제지만 일단은 하고자 하는 일과 자신에 대한 확신이 있어야 한다. 자신감이 일을 해나가는 추진력이기 때문이다. 그리고 실패 뒤에 올 어려움보다는 성공한 후 오게 될 기쁨과 환희의 순간을 생각해보아야 한다. 우리사회에서 성공한 사람들은 대부분 실패할지도 모른다는 두려움을 떨쳐버리고 자신의 일을 시작한 용기 있는 사람들이라는 것을 명심할 필요가 있다.

자신이 한 직장의 오너가 아닌 노동자인 한, 조직사회는 언제나 노동자의 능력에 한계가 오거나 더 이상 쓸모가 없다고 생각되면 조직에서 퇴출시킬 준비를 하고 있다. 아마 당신도 언젠가 조직이 당신을 퇴출시킬 것이라는 것을 잘 알고 있으며, 단지 그 시기가 늦게 오기만을 바라고 있을 것이다. 그러나 퇴직을 당했다고 해도 너무 두려워 할 것은 없다. 사람들이 산사람 목에 거미줄 치겠느냐고 하지 않는가? 지금까지는 오랫동안 해왔던 일이 자신의 전부라고 생각했겠지만, 세상을 사는 방법은 아주 다양하다. 위기가 전화위복이 될 수도 있다. 아침편지 문화재단의 이사장인 고도원 씨는 대학에서 민주화투쟁 중 퇴학을 당하고 생활을 위해 학교 앞 문방구점을 계약했는데, 다음날 개점을 위해 현장에 가봤더니 주인이 어렵게 마련한 전세금을 떼어먹고 도망을 가는 황당함을 경험하였다고 한다. 그 이후 잡지사와 신문사 기자를 거쳐 김대중 정부에서는 대통령 연설문을 써주는 차관까지 지냈고 지금은 아침편지 재단을 이끌어 가고 있다. 그는 지금 생각해보면 만일 문방구 주인이 전세금을 떼어 먹고 도망가지 않았더라면 지금쯤 문방구 주인으로 살고 있을 지도 모른다고 했다. 이처럼 사람의 운명은 어떻게 변화될지 모른다. 자신의 현재 상황이 매우 어렵고 힘들다 하더라도 좌절하지 말고 위기가 기회가 될 수 있다고 생각하고 변화를 긍정적으로 받아들이는 태도가 필요하다. 우리 주변에는 외환위기 때 실직을 당해 경제적 어려움에 처했지만, 실패할지도 모른다는 두려움을 극복하고 새로운 사업을 시작하여 현재 크게 성공한 사람들이 많이 있다.

실제로 자신이 회사에서 퇴직 통보를 받으면 예상은 하고 있었다고 하더라도 얼마나 두렵겠는가? 퇴직통보라는 것은 회사가 더 이상 당신이 쓸모없으니 나가라는 것이므로 퇴직통보를 받는 동시에 자신이 더 이상 이 사회에서 가치 없는 퇴물이 되었다는 생각이 들 것이다. 두려움이 생기는 것은 당연한 일이다. 그러나 자신이 고용주가 아닌 한 언젠가 그곳을 나올 수밖에 없지 않은가? 다만 시기가 좀 앞당겨졌을 뿐이다. 회사에서 조기 퇴직을 당했다면 마음은 이해하지만 원망하지는 마라. 그래도 지금까지 자신과 가족이 그곳에서 주는 월급으로 먹고 살지 않았는가? 퇴출과정에서 억울함이 있더라도 복수심을 키우거나 변명하려 하지 말고 자신을 괴롭힌 그들을 용서하려고 노력하자. 그들도 머지않아 퇴출될 것이다. 다만 내가 먼저 퇴출통보를 받았을 뿐이다. 그리고 자신이 지금부터 해야 할 일을 찾아 새로운 길을 떠날 준비를 하자. 그들에게 성공한 당신의 모습을 보여주는 것이 당신이 그들에게 할 수 있는 최고의 복수다. 처음에는 너무 억울하게 당해서 용서하기가 힘들 것이다. 그 억울함이 너무 커서 다른 사람들에게 호소하며 다시 원상복귀하기 위해 몇 년씩을 회사와 싸우고 있는 사람들을 주변에서 많이 보았을 것이다. 그러나 가능하면 당신의 가치를 몰라주는 그들에게 매달리려고 하지 마라. 차라리 인재를 몰라본 그들이 후회할 수 있도록 자신이 하고 싶은 일을 찾아서 더 열심히 해보는 것이 현명할 수 있다.

정년까지 조직에서 살아남아 정년의 나이가 되어서 퇴직을 하고 새롭게 일을 시작하려고 하면 체력과 일에 대한 열정이 떨어질 수밖에 없다. 일찍 퇴직을 하고 자신의 일을 일찍 시작하는 것도 자신의 꿈의 실현을 앞당기는 기회가 될 수 있다. 회사를 다니는 동안에도 힘들 때마다 몇 번이나 차라리 사표를 내고 나의 일을 해볼까 하는 생각을 해보지 않았었는가? 대부분 자신만을 바라보고 있는 가족들 때문에 생각을 접고 퇴직 때까지 일을 해 왔을 뿐이다. 차라리 퇴직을 회사가 나의 꿈을 이룰 기회를 주었다고 생각하자. 이제 아침마다 보기 싫은 사람들의 얼굴을 억지로 볼 필요도 없다. 성공해서 인재를 몰라본 그들을 후회하게 해줄 일만 남았다. 그러기 위해서는 이제 다른 사람의 눈을 의식하지 말고 자신이 원하고 자신이 행복해 질 수 있는 일을 해야 한다. 자신이 좋아서 하는 일을 하다보면 기분도 좋아지고 고생도 즐겁게 느껴질 것이다. 퇴직 후에도 비록 작은 일이고 돈이 되지 않는 일일지라도 할 일을 가지고 있어야 한다.

실패를 두려워하지 마라. 사람은 누구나 새로운 일을 하고자 할 때 변화에 대한 두려움과 미지의 세계에 대한 두려움을 가지고 있다. 다만 일을 실행에 옮기지 못하는 사람은 실패했을 때의 참담함을 생각하여 두려움이 앞서는 사람이고, 실행에 옮기는 사람은 성공한 자신의 모습을 먼저 생각하는 사람이다. 물론 일을 하다보면 실패할 수도 있고 성공할 수도 있다. 성공을 위해서는 실패하는 것을 두려워 말아야 한다. 설령 실패했다고 해도 모든 일이 끝나는 것도 아니다. 실패도 인생에서 중요한 경험이다. 생각만 하고 일을 시도하지 않고 있다가는 나중에 후회하게 될 것이다. 만일 그때 일을 시도했으면 지금 크게 성공했을 텐데 하고 후회할 수 있다. 일을 하지 않아도 후회하게 된다면 차라리 일을 시도해서 후회할 일을 만들지 않는 것이 더 현명할 것이다. 만일 잘못되면 그때 후회를 하자. 실패는 넘어져서 포기하는 사람에게나 존재하며 자신의 일을 계속하는 사람에게는 존재하지 않는다. 아프리카 원시부족 중에는 가뭄이 들어 기우제를 지내기만 하면 꼭 비가 오는 부족이 있었다고 한다. 서양 사람들이 그럴 리가 없다고 의심하면서도 자신의 국가에 가뭄이 너무 심하게 들어 할 수 없이 그 부족을 초청하여 기우제를 지내게 하였더니 기우제 기간 중에 실제로 비가 내렸다고 한다. 서양 사람들이 너무 신기해서 그 부족장에서 어떻게 기우제를 지내면 비가 오느냐고 물으니 의외로 간단하게 대답하더라는 것이다. 그냥 비가 올 때까지 계속 기우제를 지내면 된다는 것이었다. 인생의 성공과 실패도 마찬가지이다. 어떤 일을 하다가 포기하면 실패하는 것이고, 포기하지 않고 계속 노력하는 한 실패는 없다. 비록 당신이 전반부 인생 마라톤에서는 남들에 비해 늦었다고는 해도 후반부에 중단하지 않고 계속 노력하는 한 당신은 실패자가 아니라 성공을 위해 열심히 달리고 있는 인생의 마라토너일 뿐이다.

자신의 인생에서 한때 마음 졸이며 걱정했던 일들도 결국 시간이 지나고 나서 생각해보면 별것 아니었다는 것을 알 수 있다. 마음 졸이던 일이 실제로 일어난 경우는 그렇게 많지 않을 것이다. 앞으로도 문제를 피하려 하기보다는 정면 돌파하는 것이 더 쉽게 문제를 해결하는 방법일 수 있다. 문제가 없는 인생은 없다. 인생이 매일 자신에게 주어지는 문제들을 해결해 나가는 과정이기 때문이다. 한국영화 '최종병기 활'에서 적장이 주인공의 여동생을 죽이려고 목에 칼을 겨누고 있는 상황에서, 주인공은 적장을 향해 마지막 화살을 겨누고 있지만 바람까지 불고 있어 실패할지도 모른다는 두려움도 있다. 만일 화살이 빗나가면 자신의 여동생이 맞을 수도 있고, 적장이 칼로 자신과 여동생을 죽일 수도 있다. 이 상황에서 주인공은 실패할지도 모른다는 마음속의 두려움과 바람을 극복해야만 적을 죽일 수가 있다. 결국 주인공이 쏜 화살은 적장의 목에 정확히 꽂히며 적장이 쓰러진다. 주인공은 적장을 쓰러뜨린 후 '두려움은 직시하면 되고, 바람은 계산하는 것이 아니라 극복하는 것이다'라고 한다. 두려움을 피하지 말고 맞서라는 것이다.

2) 서두르거나 조급해 하지 마라

퇴직 후 새로운 일자리를 찾기 전까지의 공백기는 자신의 인생을 되돌아 볼 수 있는 좋은 시간이다. 지금까지 살아온 인생을 점검하고 남은 인생을 보람되게 살기위한 점검기라고 보면 된다. 그 동안 나는 무엇을 위해 어떻게 살아왔는가? 인생을 살아오면서 내가 가장 잘한 일은 무엇인가? 가장 잘못한 일은 무엇인가? 인생을 되돌릴 수 있다면 되돌리고 싶은 것은 무엇인가? 자신의 인생에서 잘 된 것은 스스로 칭찬해주고, 잘 못된 것은 수정하여 앞으로 남은 인생을 보람되게 살자는 다짐의 기회로 삼아야 한다.

퇴직 후 당장 하는 일이 없다고 해서 불안해하거나 서두르지 마라. 젊어서부터 은퇴 후 할일에 대해 사전에 준비를 해오지 않았다면 서둘러 무엇인가를 하려고 하지 않는 것이 좋다. 젊어서는 멋모르고 직업 전선에 뛰어 들어 중간에 바꾸고 싶어도 바꾸지 못하고 가족을 위해 열심히 일을 했겠지만, 퇴직 후 제 2의 인생에서는 남을 위해서가 아니라 자신과 사회를 위해서 철저한 준비기간을 거쳐 자신이 좋아하고 사회에 의미 있는 일을 해야 한다. 젊어서부터 퇴직 후를 준비하고 퇴직과 함께 자신의 일을 시작한 사람들도 대부분 적어도 몇 년간의 준비기간을 거쳐 자신의 일을 시작한다. 퇴직은 평생 동안 일만해온 사람들에게 사회와 가족이 준 휴가라고 생각하고 여유를 가지면서 차분하게 다음에 할 일을 준비해야 한다. 일을 너무 서두르다보면 실패하기가 쉽다. 너무 서두르거나 불안해하면 다른 사람들에게 자신의 허점만 드러낼 뿐이다. 다른 사람들은 자신의 일이 아닌 남의 일에는 별로 관심을 가지고 있지 않다. 퇴직 후 처음에는 모든 것이 절망적으로 느껴지겠지만, 당분간은 국면전환을 위한 휴식기 또는 준비기라고 생각하고, 그 동안 하고 싶었으나 해보지 못했던 일들을 해보거나 가족이나 친구들과 함께하는 시간을 가져보는 것도 좋을 것이다. 평생 회사에서 조직생활만 하다가 사회에 나와 새로운 일을 하기 위해서는 현재의 상황을 정확하게 파악해야 한다. 그러기 위해서는 무작정 서두르기보다는 여유를 가지고 다른 사람들의 이야기도 들어보아야 한다. 지금까지는 생존 경쟁에서 살아남기 위해서 일에 몰두하느라 자신과 주변사람들을 돌볼 기회를 많이 갖지 못하였을 것이다. 퇴직 후에는 자신과 주변을 한번 돌아보고 차분하게 다음을 준비해야 한다. 되돌아보면 지금까지 세상을 살아오면서 느려서 손해 본 것보다는 서둘러서 손해 본 것이 더 많았다는 것을 알 수 있을 것이다. 퇴직을 하지 않았다 할지라도 인생에서 50대쯤 되면 자신의 인생을 되돌아보고 제 2의 인생에 대해 진지하게 생각해 볼 때이다. 퇴직이 그런 그 기회를 준 것이라고 생각하자. 퇴직 후에는 남의 말에 귀를 기울이되 그들의 말을 마음속에 깊이 담아두지 말고 단지 참고만 하여야 한다. 남들은 무슨 말이든 자신이 책임질 일이 아니기 때문에 쉽게 이야기 할 수 있다. 그런데 일에 대한 모든 결정은 자신이 하는 것이고 결과에 대한 책임도 자신이 지는 것이다. 가능한 한 모든 일들은 순리에 따라 처리하고 서둘러서 일을 그르치지 않도록 해야 한다. 이제는 일을 시작했다가 그르치면 다시 복구하기가 예전처럼 쉽지 않다. 일을 결정하고 처리함에 있어 신중할 필요가 있다.

이솝우화에 나오는 토끼와 거북이를 보면, 토끼는 영리하고 꾀가 많으며 잘 달리고 변화에 잘 적응하는 동물인 반면, 거북이는 느리고 변화에 잘 적응하지 못하지만 우직해서 한번 목표를 정하면 끝까지 목표를 향해 나아가는 것으로 묘사되어 있다. 토끼와 거북이가 경주를 하면서 토끼는 자신의 능력을 과신하여 잠을 자지만, 거북이는 느리지만 쉬지 않고 꾸준하게 자신의 길을 가서 결국에는 경주를 이기게 된다. 우리사회에서 젊은이와 나이든 사람과의 관계도 이와 비슷하다. 젊은이는 일을 빠르게 처리하고 변화에 능동적으로 잘 적응하지만 자신에게 이익이 되지 않으면 쉽게 포기해버린다. 반면에 나이든 사람들은 변화에 잘 적응하지 못하고 일처리가 느리지만, 한번 맡은 일은 책임을 지고 수행하여 깔끔하게 마무리를 해 놓는다. 일처리 과정을 보면 젊은이들이 일을 더 잘하는 것처럼 보이지만, 최종적인 성과를 놓고 보면 나이든 사람들도 젊은이 못지않게 일을 잘 처리한다는 것을 알 수 있다. 나이든 사람들에게는 토끼처럼 영리하지는 못하지만 거북이처럼 목표를 정하면 끝까지 잘 마무리하는 성실성이 있다.

나이 든 노동자들이 사회변화에 대한 적응속도가 느리고 작업속도가 느리다 할지라도 노동참여가 가능한 분야가 많이 있다. 최근에는 많은 작업공정이 기계화 되고 컴퓨터화 되어 큰 힘을 들이지 않고도 할 수 있는 일들이 많이 있고, 작업 속도보다는 성실성이 중요한 일들도 많이 있다. 특히 최근 젊은이들이 힘들고 돈이 되지 않으며 더러운 일들을 하지 않으려 하기 때문에 현재 나이든 사람들이 퇴직하고 나면 명맥이 끊이질 업종들이 많이 있다. 이들 산업들이 나이 들어 일에 대한 순발력은 떨어지지만 일에 대한 책임감과 성실성이 강한 나이든 노동자들의 노동참여를 기다리고 있다. 이제 지금까지의 일 중심의 인생속도를 늦추고 자신의 나이에 인생속도를 맞추어 현명하게 일을 해야 한다.

퇴직은 당사자에게 두려움이며 동시에 위기가 될 수도 있다. 위기라는 말은 위험과 기회가 공존한다는 의미를 가지고 있다.

위기가 닥쳤을 때 조급해 하고 불안해한다고 일이 잘 해결되는 것도 아니다. 퇴직이라는 위기가 닥쳤을 때는 시간적 여유를 가지고 건강을 챙기면서 나에게 맞는 일을 찾을 때 까지 준비를 철저히 하는 것이 더 중요하다. 퇴직을 하였거나 퇴직에 가까워져서 두려움을 없애기 위해서는 인생목표를 젊어서처럼 성공이나 돈에 두고 전력투구하기보다 인생의 의미와 보람을 찾을 수 있는 자신의 일에 인생목표를 두고 차분하게 준비하는 것이 필요하다.

3) 나이 들었다고 주눅 들지 말고 자신을 위해 투자하라

나이 들었다는 것은 결코 부끄러운 일이 아니며 자연스런 현상이다. 그럼에도 불구하고 우리사회에서 나이가 들었다는 것을 부정적 현상으로 받아들이는 것은 상업적인 발상과 밀접한 관련이 있다는 생각이 든다. 신문이나 TV 등의 매스미디어에서 동안(童顔)이나 안티 에이징(anti aging)을 내세우는 상품광고에 오랫동안 노출되다보면 나이 들어 보인다는 것이 바람직하지 않고 부끄러운 현상으로 생각되어 질 수 있다. 많은 상품광고에서 자신들의 상품을 사용하면 곧 동안이 되고 안티 에이징이 될 수 있는 것처럼 광고를 하고 있지만, 아직까지 나이를 거스를 수 있는 제품은 개발되지 않았다. 인생에서 중요한 것은 늙지 않는 것이 아니라 잘 늙는 것이라는 것을 알아야 한다. 비록 나이는 늘었지만 흰머리에 돋보기안경을 끼고 자신의 일에 열중인 사람의 옆 모습에서 숙련된 장인의 포스가 느껴지지 않는가? 늙지 않는 것보다는 멋지게 늙는 것이 더 중요하다.

나이 들었다고 주눅 들지도 마라. 이 나이에 무슨 일을 할 수 있을까란 생각을 하지말자. 사람들은 새로운 일을 시작하려고 하다가도 자주 나이 탓을 한다. 사람들이 나이 탓을 하는 것은 새로운 일을 시작하는 것에 대한 두려움 때문에 일로부터 도피하기 위해 찾아낸 핑계일 뿐이다. 어떤 일을 하든 늦은 나이란 없다. 자신의 남은 인생에서 오늘은 가장 젊은 날이기 때문이다. 오늘 하지 못하면 하루 더 늙은 내일도 역시 하지 못한다. 내일 자신의 삶이 끝날지도 모른다고 생각해 보라. 마음속으로만 가지고 있던 일을 해보지도 못하고 인생을 마친다고 생각하면 얼마나 억울하겠는가? 호랑이는 죽어서 가죽을 남기고 사람은 죽어서 이름을 남긴다고 하지 않던가? 당신도 무엇인가 왔다 갔다는 흔적을 남겨야 한다.

세상을 살아가면서 사람들이 받는 스트레스 중 하나는 숫자에 대한 지나친 기억으로부터 온다고 한다. 먼저 나이라는 숫자에 대한 기억 때문에 스트레스를 받는다고 한다. 어려서는 빨리 나이를 먹고 어른이 되고 싶어서 다른 사람에게 나이를 올려서 말하지만, 막상 어른이 되고나서는 얼굴이 동안이라고 하면 좋아하고 남들에게 실제 나이보다 내려서 말하려고 한다. 어려서는 나이에 따라 출입이 제한되거나 행위에 제한을 받는 경우가 많기 때문에 나이가 들어 보이게 하려고 어른 흉내를 내기도 한다. TV나 영화를 보는데도 나이 제한이 있고, 술집과 유흥업소를 출입하는 데에도 나이 제한이 있다. 어른이 되어서도 나이 때문에 제한되는 행위가 있다. 늦은 나이에 취업을 하려면 취업에 나이 제한을 두고 있는 직장이 많이 있다. 나이 들어 젊은이들이 많이 가는 클럽에라도 가려고 하면 물 흐린다고 출입이 제한된다. 나이가 들면 직장에서 젊은이들과 어울리기도 쉽지 않다. 직장에서 회식을 할 때도 1차 때는 젊은 사람들과 같이 가지만 2차를 갈 때는 알아서 빠져줘야 한다. 그러지 않고 젊은이들과 같이 있으려고 머뭇거렸다가는 주책없는 늙은이라고 눈총을 받는다. 나이 들어서도 젊은이들로부터 배제되지 않기 위해서 젊은이들이 좋아하는 노래와 춤도 배워야 하고 젊게 보이도록 외모도 관리해야 하는 등 스트레스가 이만 저만이 아니다.

두 번째 숫자에 대한 지나친 기억이 스트레스가 되는 것은 키에 대한 것이다. 많은 사람들이 큰 키를 선호하기 때문에 그렇지 못한 사람들은 키에 대한 스트레스를 많이 받는다. 청소년들의 우상이 되고 있는 연예인이나 운동선수들을 보면 큰 키를 가지고 있는 사람들이 많다. 자신도 크게 보이기 위해 신발의 깔창을 높게 깔거나 키 높이 신발을 신어도 보지만 이들을 이용해 키가 크게 보이는 데는 한계가 있다. 작은 키는 청소년뿐만 아니라 성인들에게도 스트레스가 되고 있다.

세 번째로 숫자에 대한 기억이 스트레스가 되는 것은 몸무게이다. 나이가 들어가면서 몸무게가 늘어나는 것이 당연하지만, 우리사회는 나이와 상관없이 모두 날씬한 몸매를 가지기를 원한다. 나이가 들어가면서 늘어난 뱃살과 체중을 다시 빼야 한다는 것은 여간 스트레스가 아니다. 살을 빼기 위해서 좋다는 것은 다하고 그래도 되지 않으면 먹는 것을 줄이려다가 영양실조로 쓰러지기도 한다.

이 같은 나이, 키, 몸무게와 관련된 숫자로부터 자유로워질 수 있다면 상당한 스트레스를 줄일 수 있을 것이다. 퇴직자들은 이 중에서 주로 나이에 대한 스트레스를 많이 받게 되는데, 이로부터 자유로울 필요가 있다. 나이는 숫자에 불과하다는 말도 있지 않은가? 나이 먹는 것은 자연스런 현상이니 긍정적으로 생각하고 행동하면 젊게 살 수 있다. 당신은 분명 젊은 사람임에 틀림없다. 적어도 당신의 남은 인생 중에서 오늘보다 젊은 날은 없기 때문이다. 젊은 사람이라고 해서 늦게 죽고 나이 들었다고 해서 빨리 죽는 것도 아니다. 태어날 때는 순서대로 태어나지만 죽을 때는 순서가 없다. 내일은 오늘보다 하루 더 늙는다. 오늘 어떤 일을 결정하지 못한다면 하루 더 늙은 내일은 더 어렵다. 나이는 스스로 먹는 것이다. 본인이 나이 먹었다고 의식하기 나름이지 다른 사람은 당신의 나이에 관심이 없다. 본인이 나이 들었다고 생각하는 순간 노인이 된다. 아직 젊다고 생각하면 아직 노인이 아니다. 사람은 일을 통해 자신의 나이를 잊을 수가 있다. 자신의 일을 해보면서 나이도 잊어보자.

퇴직했다고 노인처럼 행동하지도 마라. 노인처럼 행동하면 주변사람들로부터 노인취급을 받게 된다. 퇴직 후 거실 소파에 앉아 초점 잃은 눈으로 먼 곳을 응시하고 있거나 바닥에 웅크리고 앉아 신문이나 TV를 보면서 다른 사람을 안경너머로 바라보지마라. 전형적인 노인의 모습이다. 길을 걸어갈 때도 가는 곳이 정해져 있지 않다고 해도 너무 느리게 걷지 마라. 할 일 없어 시간을 때우려고 산보하는 사람처럼 보일 수 있다. 길을 걸을 때도 멀리 앞을 내다보며 어깨를 쫙 펴고 건강관리를 위해 파워워킹을 한다고 생각하고 힘 있게 걸어라. 버스나 지하철 등 대중교통을 이용할 때도 가능하면 노약자석에 앉으려 하지 마라. 손잡이를 잡고 서서 가는 것도 팔과 다리운동에 도움이 된다.

퇴직 후 사람을 만나고 새로운 일자리를 찾기 위해서는 젊은이들처럼 외모관리도 잘 해야 한다. 퇴직 전이야 주어진 자리에서 일만 열심히 하면 되었지만, 퇴직 후에는 노동력을 이용하려는 사람의 눈치를 보아야 한다. 노동력을 이용하려는 사람은 나이든 사람보다는 한 살이라도 더 젊게 보이는 사람을 선호한다. 비록 나이가 들었다 할지라도 한 살이라도 젊게 보여야 일을 할 수 있는 힘과 능력이 있어 보인다. 사람의 이미지는 남에게 비쳐지는 자신의 모습이다. 남이 나를 어떻게 보는가에 따라 인간관계가 달라질 수도 있다. 젊게 보이는 사람은 다른 사람보다 능력이 있고 일에 대한 추진력이 있어 보이고 젊은 사람을 더 잘 이해할 것 같아 보인다. 이미지도 관리하기에 달려 있다. 자신이 노인처럼 입고 노인처럼 행동을 한다면 노인처럼 보일 것이고, 젊은 사람처럼 입고 젊게 행동을 한다면 젊은 사람처럼 보일 것이다. 실제로 연예인들이 같은 나이의 일반인과 비교해 젊게 보이는 것은 그들이 자신의 이미지 관리를 위해 그만큼 많은 노력을 기울이기 때문이다. 노후를 젊고 활기차게 살려면 가능하면 사람들에게 젊게 보이도록 노력을 해야 한다. 돈을 들여서라도 젊음을 되살릴 수 있다면 투자할 만한 가치가 있다. 오늘날의 현대의학은 당신을 젊은이 못지않게 만들어 줄 것이다. 머리가 하얗게 되어 노인처럼 보이면 염색을 하고, 머리카락이 빠져 대머리처럼 보이면 가발을 쓰면 된다. 이가 부실해 고기를 씹을 수 없다면 임플란트 시술로 해결할 수 있다. 골다공증으로 다리뼈가 부실해 걷기가 불편하다면 인공관절로 대신할 수 있다. 피부에 검버섯이 생겨 보기 싫다면 박피시술을 받을 수도 있다. 요즘은 70대도 죽음을 기다리는 노인이 아니라 연애할 상대를 찾아 안달이 난 사람과 같다고 한다. 발기부전치료제들이 이들을 성적으로 젊게 만들어 놓았기 때문이다.

입는 옷의 색깔도 마찬가지다. 노인이라고 흰색이나 회색의 옷을 입어 나이보다 더 늙어 보이게 하지 마라. 노인들도 젊은 사람들처럼 자신의 마음에 드는 디자인과 색상을 선택해서 입으면 된다. 노인이 노란 티셔츠에 청바지를 입었다고 누가 뭐라 하겠는가? 자식들도 자신의 부모가 나이보다 늙어 보이기보다 젊어 보이고 자신의 일을 열심히 하는 부모를 더 자랑스러워한다. 우리사회는 나이와 성을 불문하고 젊은 외모를 선호한다. 자녀뿐만 아니라 배우자도 퇴직 후의 남편이 노인처럼 보이기보다는 젊게 보이는 것을 더 좋아한다는 것을 명심할 필요가 있다.

나이 들어 젊은이들과 어울려 일하기 위해서는 이미지만 바꾸어서도 충분하지 않다. 그들의 이야기와 관심사에 귀 기울여야 하며, 연장자로서 대우받으려 하기 보다는 솔선수범하는 모습을 보여야 한다. 젊은이들이 좋아하는 노래도 들어보고 불러보려고 노력해야 한다. 얼마 전 '남자의 자격'이라는 TV프로그램에서 50세 이상의 노래 부르기를 좋아하는 사람들을 모아 합창경연대회에 참여하기 위해 노래연습을 하는 것을 보았을 것이다. 처음 합창을 시작할 때는 개인들은 노래를 잘하는 편이었지만 합창에서는 불협화음이 자주 보이고 불안해 보였었다. 더구나 요즘 대세라는 아이돌의 노래를 배울 때는 거의 모두가 불가능한 것처럼 난감해했다. 그러나 얼마간의 연습 후에 그들은 나이를 잊고 아이돌처럼 아이돌의 노래를 즐기고 있었다. 처음에는 어색하겠지만 나이든 사람들도 노력하면 젊은이들과 하나가 될 수 있다는 것을 알 수 있는 프로그램이었다. 젊은이들과 같이 일을 하려고 하면서 젊은이들의 문화를 배우려고 노력하지 않고 젊은이와 같이 하는 회식자리에서 매번 '두만강 푸른 물에'만 찾는다면, 젊은이들은 당신을 동료로 보기보다는 동네 할아버지로 볼 지도 모른다.

4) 가족에게 미안해하지 마라

퇴직자에게 퇴직에 대한 소감을 물어보면, 대부분 평생 회사일만 열심히 하다 보니 가족과 많은 시간을 같이 하지 못해 가족에게 미안하다는 말들을 많이 한다. 그러나 미안해하지 마라. 당신이 가족과 같이 있고 싶은 마음이 없어서가 아니라 가족을 위해 돈을 열심히 벌다보니 그렇게 되었다는 것을 가족 모두가 잘 알고 있다. 사실은 퇴직자가 가족에게 미안해 할 것이 아니라 가족을 위해 자신의 모든 것을 희생한 퇴직자에게 가족들이 미안해야 할 일이다. 퇴직자는 가족을 위해 열심히 일한 자신을 부끄럽게 생각할 것이 아니라 오히려 자랑스럽게 생각해야 한다.

당신이 다른 사람들에 비해 많은 재산을 축적하지 못했다고 가족에게 미안해하지도 마라. 당신이 열심히 일해서 번 돈으로 지금까지 가족들이 잘 먹고 살았고 자녀들을 교육시켰으며 일부는 결혼까지 시켜주지 않았는가? 대부분의 퇴직자들은 자신보다는 항상 가족을 먼저 생각하고 자신을 희생하면서 열심히 살아왔다. 가족이 아니었다면 회사에 사표를 내도 몇 번은 냈을 상황에서도 모든 것을 참으면서 열심히 일을 해왔다. 물론 남들처럼 그동안 돈도 많이 벌었으면 좋았겠지만 빈손으로 시작하여 집을 마련하고 가족을 지금까지 지켜온 것만으로도 당신은 대단한 사람이다. 국가 금융위기와 세계 경제위기 때 주변에서 많은 가족들이 해체되는 것을 보지 않았는가? 그런 위기들을 슬기롭게 잘 극복하고 지금까지 가족을 지켜온 당신은 스스로를 대단한 사람이라고 자부심을 가져도 좋다.

인생을 마라톤에 비유해서 보면, 당신은 지금까지 앞만 보고 열심히 달려와서 반환점을 막 돌고 있는 마라토너와 같다. 지금까지 자신의 인생 마라톤에서는 숨이 넘어갈 것 같고 참기 힘든 고통 있었고 그 자리에서 포기하고 주저앉고 싶을 정도의 좌절도 있었지만, 자신을 믿고 응원해 주는 가족들 덕분에 모든 것을 참고 지금까지 뛸 수 있었을 것이다. 인생 마라톤에서는 결코 쉬운 것이 없으며 기록도 그렇게 중요하지 않다. 중요한 것은 지금까지 포기하지 않고 최선을 다해 달려왔다는 것이다. 아직 당신 인생 마라톤의 후반부가 남아있다. 인생 마라톤의 승패는 후반부를 다 달리고 마라톤이 끝나봐야 알 수 있다. 당신이 포기하지 않고 계속 노력하는 한 인생 마라톤에서 실패는 없다. 비록 당신이 전반부 인생 마라톤에서는 남들에 비해 늦었다고 해도 후반부에 중단하지 않고 계속 노력하는 한 실패자가 아니라 성공을 위해 열심히 달리고 있는 인생의 마라토너일 뿐이다.

열심히 일한 당신 퇴직 후 쉴 수도 있지만, 쉴 것인가 일을 계속할 것인가에 대한 판단은 자신이 해야 할 문제이다. 그런데 퇴직 후 집에서 추리닝이나 입고 소파를 친구삼아 낮에는 하루 종일 신문을 뒤적이고 밤이 되면 TV 프로그램이나 외우면서 리모컨을 돌리다가 마지막 애국가가 나오면 잠을 청하며 죽는 날까지 매일 반복되는 생활을 하며 따분하게 노후를 보내기를 원하는가? 그렇지 않다면 퇴직 후에도 일을 해야 한다.

5) 자식에게 의지하려 하지 마라

과거에는 자식이 노후에 부모를 부양하는 것이 당연했으므로 자식을 낳는 것이야 말로 가장 중요한 노후대책이었다. 자식 중에서도 아들이 특히 중요했기 때문에 정실부인이 아들을 낳지 못할 경우 아들을 얻기 위해 축첩제도와 씨받이 풍습이 생겨나고 양자제도가 생겨났다. 그런데 최근 핵가족화의 진행과 젊은이들의 의식변화로 과거의 아들을 얻기 위한 제도들이 당연하게 받아들여지지 않게 되면서 사람들의 노후대책에도 문제가 생기기 시작하였다. 통계청에서 청소년들에게 노부모를 누가 부양해야 된다고 생각하는가라는 질문을 하였더니, 가족이라고 응답한 청소년이 1998년 85.5%에서 2002년 67.5%로 줄어들었다고 한다. 앞으로는 노인이 가족으로부터 부양을 받기도 어려워지고 있다. 요즘에는 자신의 노후를 자식들에게 맡기겠다고 생각하는 부모들도 줄어들었으며 노후를 스스로 준비하는 것이 필수가 되어가고 있다. 특히 베이비부머들은 부모를 부양하는 마지막 세대이며 자녀로부터 버림받는 첫 세대가 될 것이라는 이야기가 나오고 있다. 자식들이 들으면 섭섭할 이야기지만, 이제 자식을 키우고 교육시켜 시집 장가보내는 데 들이는 비용을 줄이고 자신들의 노후를 준비하는데 더 많은 지출을 하여야 한다. 가정에서 돈을 지출하는 우선순위가 자식에서 자신과 배우자로 바뀌어야 하는 것이다. 퇴직이 가까워지면 자녀들의 교육은 거의 끝이 나고 자녀 결혼비용이 가장 큰 부담이 될 것이다. 부모가 경제적 여력이 있어서 자녀결혼에 필요한 모든 것을 도와줄 수 있으면 좋겠지만, 그렇지 않다면 지금까지 부모가 자녀들을 교육시켜 주었으니 자녀들이 돈을 벌어서 자신의 능력 범위 내에서 결혼비용을 마련하고 부족한 부분을 부모에게 청구하는 형태가 되어야 한다. 자식들을 위해 끝까지 모든 것을 희생하다가는 자신의 노후가 불행해 질 수 있으니 일찍부터 실속을 차리자는 것이다. 부모가 노후 준비를 잘해서 노후에 자식에게 짐이 되지 않는 것도 결국은 자식을 돕는 것이 된다.

한 친구가 은행에서 근무하다 퇴직을 하고 나서 퇴직금 중 일부로 전보다 큰 집을 사서 이사를 하였다. 딸이 시집가기 전에 보다 큰 방에서 지낼 수 있도록 하고 결혼 후에도 집에 오면 자기 방에서 자고 갈 수 있도록 하기 위해 큰 집으로 이사를 했다는 것이다. 딸아이가 취업하기 전에도 온 가족이 함께 살아왔던 집이었지만, 퇴직 후 금전적 여유가 생기면서 딸아이를 위해 더 큰 집으로 이사를 한 것이다. 이 친구의 결정은 몇 가지 문제가 있어 보인다. 우선 퇴직을 해서 수입이 줄어들었는데 큰 아파트로 이사를 하면 관리비가 더 많이 나오게 돼 지출이 늘어나게 된다. 딸아이가 몇 년 후 시집을 가고나면, 지금보다 식구가 줄어들지만 아파트 관리비는 줄지 않는다. 시집간 딸이 친정집에 올 경우 집에서 자고 갈 수 있도록 큰 방을 마련했다는 것도 부모들의 착각이라는 생각이 든다. 노부부가 자녀들이 오면 반가워서 하룻밤 자고 가기를 원하겠지만, 자녀들은 남의 집이 되어 버린 부모님의 집이 편하지 않아 늦은 밤이라도 자기네 집으로 돌아가려고 하는 것이 오늘날의 추세이다. 언제 올지도 모르는 아이들이 와서 편히 자고 가게 하기 위해 큰 집을 유지하겠다는 것은 참으로 순진한 생각이다. 일 년에 몇 번 친정에 올 것이며 온다고 해도 자고 갈 것이라는 보장이 있는가? 장모가 아무리 잘 해준다고는 해도 사위가 처갓집을 자기 집만큼 편안하게 생각할까? 전국 어디라도 2~3시간이면 갈 수 있는 지리적 장점을 가진 위치에 살면서 자녀들이 결혼 후에도 집에서 자고 갈 것이라는 것은 부모들의 순진한 착각이다. 쓰지도 않는 방을 유지하기 위해 오랜 기간 동안 관리비를 부담하느니 차라리 그 돈으로 자녀들이 올 때마다 근처의 좋은 호텔을 잡아주는 것이 더 현명하지 않을까? 그렇게 하면 돈도 큰 집을 유지하기 위해 들어가는 관리비보다 훨씬 저렴하게 들고, 자녀들로부터 고맙다는 이야기도 들을 수 있다. 가능하면 자녀들에게 들이는 돈을 절약해서 노후를 대비하는 것이 노후에 자녀에게 부담되는 것보다 현명한 선택이라는 생각이 든다. 앞으로 출산율 감소에 따른 인구감소와 소규모 가족이 대세가 되면서 중·대형 아파트 가격이 하락할 것이기 때문에 큰 집을 이용한 재테크도 기대하기가 힘들어 질 것이다. 이제 자식에 대한 무조건적 투자보다는 자신의 노후를 위해 실리를 챙겨야 할 때다.

6) 남의 눈치를 보지 마라

우리사회의 퇴직에 대한 부정적 이미지를 너무 의식하지 마라. 우리사회는 퇴직을 사회적 지위상실, 자아정체감 상실, 비생산적 여가시간, 무력감 등으로 인식하는 등 퇴직에 대해 부정적 이미지들을 많이 가지고 있다. 이런 부정적 이미지를 받아들이는 순간, 자신은 무능력하고 무기력하게 사회로부터 소외된 삶을 살 수밖에 없다. 퇴직 후 일을 통해 사회의 퇴직에 대한 부정적 이미지가 잘못되었으며, 퇴직은 끝이 아니라 자신의 신체적 능력에 맞게 기존에 해오던 일을 조정하는 과정일 뿐이라는 것을 사회가 알 수 있도록 자신의 능력을 보여주어야 한다.

스티브잡스는 젊은이들에게 '시간은 한정되어 있습니다. 그러니 타인의 삶을 살면서 낭비하지 마십시오.' '가장 중요한 것은 자신의 마음과 직관을 따르는 용기를 갖는 것입니다.'라고 강조했다. 남의 눈치를 보느라 자신이 하고 싶은 일을 하지 못하고 남들이 좋아하는 일을 하는 것을 경계한 말이다. 최재석 교수가 분석한 한국인의 특성 중 하나도 '한국인은 남의 눈치를 지나치게 본다.'는 것이었다. 퇴직을 한 후 어떤 일을 하려고 해도 내가 왕년에 어떤 사람인데 그런 일을 하느냐고 하면서 하지 못하는 경우가 많다. 남들에게 창피해서 일을 하지 못하겠다는 것이다. 사실은 일을 하는 것이 창피한 것이 아니라 일을 하지 않고 빈둥대는 것이 더 창피한 것인데도 말이다. 유명 대중가수인 태진아 씨나 송대관 씨가 어려울 때 미국으로 건너가 처음에 노점상부터 시작해서 성공했다는 이야기는 본인들의 입을 통해 널리 알려진 사실이다. 그들도 한국에 있었다면 남의 눈치를 보느라 그런 일을 할 결정을 쉽게 하지 못했을 지도 모른다. 다른 사람들이 당신의 기대에 부응하기 위해 살지 않는 것처럼, 당신도 남의 기대에 부응하기 위해 살기보다는 자신의 기대에 부응하기 위해 살아야 한다. 그러기 위해서는 남의 눈치를 보지 말고 하고 싶은 일을 하여야 한다. 예전에 장관출신의 어느 분이 대전에 식당을 냈다고 해서 화제가 된 적이 있다. 그 분은 TV 인터뷰에서 한때 장관을 했다는 이유만으로 남의 눈치를 계속 보아야 한다면 앞으로 남은 인생동안 나는 아무 일도 할 수 없을 것이라고 말하는 것을 보았다. 장관 퇴직 후 남의 눈치나 보면서 집에서 빈둥대고 있을 때보다 일을 하고 있는 현재가 훨씬 더 행복하다는 것이다. 이제 남의 눈치 보지 말고 하고 싶은 자신의 일을 해야 한다.

7) 퇴직 후 일하는 것을 부정적으로 생각하지 마라

우리사회는 아직까지 퇴직 후에도 일을 하고 있는 사람들을 측은하게 생각하는 경향이 있다. 퇴직 후에도 일을 해야 할 만큼 생활이 어려운가라고 생각하겠지만, 퇴직 후에 일 없이 집에 있다고 상상해보라. 세상에서 가장 힘든 일은 아직 일할 능력이 있음에도 불구하고 할 일이 없어서 집에서 빈둥거리며 노는 것이다. 퇴직을 하였다고 인생이 바로 끝나는 것도 아니다. 은퇴 후 일을 그만두고 집에서 쉬는 것이 나이 많은 사람에 대한 예우라고 생각되는 사회에서는 은퇴 후에도 일을 하는 것에 대해 동정적인 시각을 가지고 있는 것이 당연하였다. 이런 사회에서는 일을 계속하고 싶었지만 가족과 함께 많은 시간을 보내기 위해 퇴직을 하기로 하였다고 말하는 사람이 멋진 사람처럼 보였었다.

그러나 인간의 삶은 퇴직과 함께 끝나는 것이 아니다. 우리의 삶은 일을 통해 자기변화를 하는 연속적 과정이다. 비록 지금까지는 어려운 생활을 하였다 할지라도, 지금 새로운 일을 시작하고 성공하여 부자가 될 수도 있다. 새로운 시도를 하지 않는 사람에게서는 앞으로의 인생에서 어떠한 변화도 기대할 수가 없다. 일을 한다는 것은 다른 한편으로 건강하게 살아 움직인다는 증거이기도 하다. 나이가 들어가면서도 건강을 유지하고 사회와의 관계를 유지하기 위해서, 그리고 자신의 존재감을 확인하기 위해서는 일을 해야 한다. 퇴직 후 일이 없이 가정에만 있으면 가족으로부터도 존재감을 인정받지 못한다. 일이 없이 집에만 있는 사람은 혼자 과거의 추억을 되새김질하며 살지만, 일을 하는 사람은 미래에 대한 희망을 가지고 다른 사람들과 어울리며 살아간다. 자신이 살아있다는 존재감을 확인하기 위해서는 일을 해야 한다. 일을 하면 퇴직 후 발생할 지도 모르는 경제적 궁핍으로부터 벗어날 수 있고, 젊은이들과 소통하면서 인간관계를 지속적으로 유지할 수 있다. 그런데 퇴직을 하고 일을 계속하려고 하면, 주변 사람들은 대부분 당신이 일을 하려는 것을 말리려 할 것이다. 그들의 충고를 따라 일을 하지 않았다가는 집안의 천덕꾸러기가 되어 가족들의 눈치나 보며 나머지 생을 살아야 할지도 모른다. 나머지 생에서 삶의 의미를 찾으려거든 퇴직을 했어도 일을 계속해야 한다.

대표적인 외식업체인 KFC에 가면 안경을 쓰고 흰 정장을 입고서 가게 앞을 지키고 있는 할아버지 인형을 볼 수 있다. 그 할아버지가 바로 KFC를 창업한 커넬 할렌드 샌더스다. 그는 KFC 창업 전 운영하던 레스토랑으로 고속도로가 나면서 가계가 헐리고 나서 한동안 사업을 그만두고 국가에서 지급하는 월 105달러의 사회보장기금을 받으면서 어렵게 생활하였다고 한다. 그가 65세가 되던 해에 예전의 음식솜씨를 믿고 새롭게 일을 시작하려 하자 주변사람들은 연금을 받으면서 취미생활이나 하며 살지 다 늙어서 무슨 사업이냐고 대부분 말렸다고 한다. 그러나 그는 사업에 늦은 나이는 없다고 생각하고 사업에 필요한 자금을 동원하기 위해 수많은 사람들을 만나 투자를 요청했지만 대부분 거절을 당하였다고 한다. 그가 마지막으로 투자 요청을 위해 만난 사람에게 지금까지 자신의 투자유치를 위한 노력에 대해 이야기를 하니 투자자는 당신처럼 끈기를 가진 사람이면 무슨 일을 해도 성공할 것이라면서 거액의 투자를 그 자리에서 약속했다고 한다. 그는 투자유치에 성공한 후 자기가 제일 잘하는 튀김 닭으로 KFC를 창업해서 지금은 세계 89개 국가에 프랜차이즈를 가지고 있는 미국의 대표적인 외식업체로 성장시켰다. 만일 그가 다른 사람들의 말처럼 늦었다고 생각하고 사업을 시작하지 않고 연금만으로 생활을 계속 하였다면 오늘날과 같은 KFC가 탄생되지 않았을 것이고, 물가에 비해 턱없이 낮은 연금액을 불평하면서 나머지 인생을 어렵게 살았을 것이다.

8) 잔소리를 하거나 참견하려 하지 마라

퇴직자가 퇴직 후 배우자와 자녀에게 하는 잔소리 중 가장 많이 하는 잔소리는 돈 좀 아껴 쓰라는 것이라고 한다. 퇴직 후에는 정기적인 수입이 없이 한정된 돈의 범위 내에서 나머지 인생을 살아야 하기 때문에 소비를 줄여야 하는 것은 당연하다. 그러다 보니 배우자에게도 낭비를 하지 않는다는 것을 알면서도 돈을 줄여 쓰라는 말을 자주하게 된다. 배우자의 입장에서는 생활비가 낭비할 만큼의 여유가 있는 것도 아니면서 지출을 줄이라고 하니 짜증이 날 수밖에 없다. 남편이 이제 돈 관리를 자신이 하겠다고 나서거나 가계부를 검사하겠다고 나서는 경우에는 부부갈등으로 이어질 수도 있다. 퇴직 후 돈을 아껴 쓰라는 잔소리는 결국 부부 갈등과 불신으로 이어질 가능성이 크다. 퇴직자가 가정의 평화를 깨지 않기 위해서는 지출을 줄이라는 잔소리 대신 가계수입을 증대시킬 방법을 찾아 실천에 옮겨야 한다.

다음으로 많이 하는 잔소리는 배우자의 행동을 참견하는 것이라고 한다. 남자들은 퇴직 후 집에서 배우자와 함께 있다가 배우자가 외출준비라도 하는 날이면 갑자기 불안감이 밀려온다고 한다. 집에 혼자 남겨진다는 외로움 때문에 어디를 가느냐, 누구를 만나느냐, 언제쯤 돌아오느냐 등의 잔소리를 한다는 것이다. 계모임과 같은 친구들의 모임일 경우에는 어쩔 수 없어 포기하지만, 백화점이나 시장에 간다고 하면 자기도 따라가겠다고 마음을 떠본다는 것이다. 마치 어릴 적 엄마가 외출하려고 몸단장을 하면 괜히 불안해진 아이가 먼저 옷을 갈아입고 엄마를 따라가겠다고 떼를 쓰는 것과 비슷하다. 남편의 잔소리 때문에 배우자는 마음 편하게 외출하기도 힘들다는 것이다.

얼마 전에 정년퇴직을 하고 당분간 집에서 쉬면서 거의 매일 부인과 함께 하천변을 걷든가 가까운 산에 등산을 다니는 친구

부부를 만났다. 이제 부부가 매일 손잡고 산책할 수 있어서 신혼 부부처럼 좋겠다고 했더니 남편은 좋다고 하는 반면, 부인은 같이 놀아주기 너무 힘들다고 했다. 매일 출근하던 사람이 집에만 있으니 좀이 쑤셔서 밖에 나가고 싶은데 같이 갈 사람이 없으니 꼭 자기더러 같아 가자고 한다는 것이다. 오랫동안 남편 출근시키고 자기시간을 가져왔는데, 퇴직 후부터 매일 같이 놀아줘야 하고 세끼 챙겨줘야 하니 좀처럼 자기시간을 내기가 힘들다고 불평을 하였다. 그렇다고 집에서 심심해하는 남편을 바라보고만 있을 수 없어 가끔씩 같이 나온다고 했다. 퇴직 후에도 누구나 무슨 일이든 밖에 나가 다른 사람들과 같이 할 수 있는 일을 찾아야 한다. 취미활동이 됐든 봉사활동이 됐든 다른 사람과 같이 할 수 있는 일이 필요하다. 남자가 집을 나가야 배우자도 자신의 시간을 가질 수가 있다. 그러지 않으면 점차 부부갈등이 심해질 수 있다.

퇴직 후에 일을 시키기 위해 자녀의 이름을 불렀는데 대답이 없으면 자녀들이 자신의 이야기를 무시하는 것 같아 서운한 생각이 들겠지만, 가능하면 트집을 잡지 말아야 한다. 자녀들이 부르는 소리를 못 들었을 수도 있고, 듣고도 하던 일을 정리하느라 시간이 걸렸을 수도 있다. 자녀들과 이야기를 할 때 아이들이 아빠를 이해하지 못하는 것은 아빠를 무시해서가 아니라 세대차이 때문일 수도 있다. 아이들과는 세대차이가 있어서 사고방식과 생활방식이 자신과 다를 수도 있다는 것을 인정해야 한다. 자신도 젊었을 때 아버지가 자신의 생활에 간섭하는 이야기를 듣고 기분이 좋지 않았던 적이 있었을 것이다. 퇴직 후에는 배우자와 자녀에게 가능하면 잔소리를 하지마라.

가능하면 화도 내지 마라. 퇴직을 하면 자기 마음대로 이루어지지 않는 일들이 많아진다. 다른 사람이 하는 일을 보고 있자니 화가 나고 참견하자니 체면이 안서는 등 세상에 대한 불만이 많아진다고 한다. 자신의 생각으로는 도저히 이해가 되지 않는 일들이 주변에서 자주 일어난다. 일이 벌어질 때마다 화를 내며 나서면 사람들과의 관계만 어색해지고 그들로부터 고립될 수도 있다. 나이 들어서 갑작스럽게 화를 내다 뇌경색이나 뇌출혈로 쓰러질 수도 있다. 화가 머리끝까지 나거든 일단 심호흡을 하며 참아보고 나중에 불만사항에 대해 그들에게 차분하게 설명하도록 해야 한다. 나이 들어서 화를 내면 젊은이들은 노인네가 주책을 부린다고 하면서 당신을 피하려 할 것이다.

세상은 사람이 어떠한 마음을 가지고 보느냐에 따라 다르게 보일 수도 있다. 세상을 불만을 가지고 보면 세상이 온갖 불만투성이로 보일 것이고, 감사하는 마음으로 보면 감사할 것이 너무 많다는 것을 알게 될 것이다. 마음속에 불만을 많이 가지고 있으면 얼굴에 웃음이 사라지고 항상 찡그린 얼굴을 하고 다니게 된다. 찡그린 얼굴을 하고 다니면 주변사람들이 함께하기를 피한다. 항상 감사하는 마음을 가지고 있는 사람은 얼굴에 웃음이 가득할 것이고, 일을 같이 하는 사람도 즐거울 것이다. 나이 들어서는 불만도 가능하면 겸허하게 수용할 수 있는 인내심과 마음의 여유를 가져야 한다. 나이 들어서 불만과 화를 참아내는 인내력이 부족하면 사람들과 사회관계를 지속하기가 어려워진다.

그렇다고 화를 모두 참는 것도 능사가 아니다. 화를 참으려 해도 도저히 참을 수 없거든 기회를 보아서 화를 내야 한다. 우리는 어려서부터 부모로부터 화를 참으라고 교육을 받아왔다. 나만 참으면 다른 사람 모두가 행복해 질 수 있으니 가능하면 화를 참는 것이 미덕이라고 했다. 그런데 화를 계속 참기만 하면 화병에 걸릴 수도 있다. 개인주의화된 서구사회에서는 화나는 일이 발생하면 즉시 화를 내며 시정을 요구하지만, 우리사회에서는 화는 참는 것이 미덕인 것처럼 당연하게 받아들여져 왔기 때문에 화나는 일이 있어도 대부분 참고 만다. 그래서 화병이라는 것이 서구사회에서는 존재하지 않고 우리사회에만 존재한다고 한다. 화나는 일이 있을 때 너무 참다보면 다른 사람은 행복해졌을지 모르지만, 당사자는 화병에 걸리거나 스트레스에 시달릴 수 있다. 적당한 기회를 보아서 화를 내되, 화를 낼 때는 누가 보아도 이유가 타당해야만 사람이 우습게 보이지 않는다.

9) 빚을 지지마라

빚은 사람을 일의 노예로 만들 수 있다. 빚은 자신의 의지와 상관없이 노후에도 일을 하지 않을 수 없게 만든다. 나이가 들어갈수록 있던 빚도 정리하고 새로운 빚을 지지 말아야 한다. 젊어서는 빚이 있어도 계속 일을 해서 갚을 수 있기 때문에 문제가 되지 않지만, 나이가 들어서는 언제 몸에 이상이 생겨 일을 그만두어야 할지 모르기 때문에 빚을 지지 말아야 한다. 지금도 빚을 져서 자신이 번 돈의 대부분을 이자 갚는데 쓰고 있지는 않는지, 빌린 돈의 원금과 이자를 갚기 위해 자신이 원하지 않는 노동을 하고 있지는 않는지 생각해 볼 일이다. 지금까지 많은 사람들은 큰 집을 구입하기 위해 은행에서 대출을 받고 그 이자를 갚기 위해 수입의 상당부분을 지출해 왔으며, 크고 멋진 차를 구입하기 위해 나머지 수입의 상당부분을 지출하여 왔다. 자신이 정말로 좋아하는 일을 하기위해 지출한 돈은 수입 중 얼마나 되는지 생각해 볼 일이다. 많은 사람들은 금융권에 빚을 지고 원금과 이자를 갚기 위해 수입의 상당부분을 지출하고 있다. 금융권의 수입을 증대시키는데 자신이 동원되고 있는 것이다.

퇴직 전후에 지출해야할 가장 큰 돈은 자녀 결혼비용일 것이다. 자녀에게 집 한 채라도 사주기 위해 은행에서 또 빚을 내고 또 그 이자를 갚기 위해 일을 하겠는가? 가능하면 이제 빚을 지지 말아야 한다. 당신이 부모님의 도움 없이 스스로 자립할 수 있었던 것처럼, 아이들도 교육을 시켜주었으니 스스로 자립하는 것을 지켜보아야 한다. 부모가 젊어서 고생했으니 자녀들은 고생하지 말라고 처음부터 집을 사준다면 자녀는 전세살이의 서러움이나 처음 집을 샀을 때의 기쁨을 알지 못할 것이다. 자녀들에게도 그런 즐거움을 느껴보도록 해줄 필요가 있다. 그리고 남은 돈은 자신과 배우자의 노후를 위해 적립해두어야 한다. 노후에 자녀에게 손을 벌리지 않고 사는 것도 자녀들을 돕는 것이기 때문이다. 지금까지도 번 돈의 대부분을 자녀들의 교육과 집의 마련을 위해 썼지 자신들을 위해 쓴 돈이 얼마나 되겠는가? 이제 더 큰 것에 욕심내지 말고 지금 가지고 있는 것에 만족하고 인생을 즐길 수 있는 일에 돈을 지출해야 한다. 행복은 가지고 싶은 것을 가졌을 때 오는 것이 아니라 현재 가지고 있는 것에 만족할 때 찾아온다고 한다.

제5부
앙코르 마이라이프

제5부 앙코르 마이라이프

1. 세상사 마음먹기에 달렸다

사람이 세상을 살아가는 것은 매일 자신에게 주어지는 문제들을 해결해 나가는 과정이라고 할 수 있다. 문제가 쉽게 해결될 때도 있고, 여러 날 스트레스에 시달린 후에야 해결되는 때도 있을 것이다. 자신이 매번 당면하는 문제를 어떻게 해결하느냐 하는 것은 마음먹기에 달려있다. 사람이 위기에 닥쳤을 때 그것을 어떻게 받아들이고 행동하느냐에 따라 위기를 극복할 수도 있고, 위기를 극복하지 못하고 절망으로 영원히 떨어져 버릴 수도 있다. 부부가 결혼을 하여 살다가 서로 뜻이 맞지 않아 이혼을 했을 때도 마음먹기에 따라 남자와 여자의 반응이 서로 다르다고 한다. 남자들은 이혼을 당하면 마치 죽으려고 작정이나 한 사람처럼 자포자기의 길로 들어가기 쉽지만, 여자는 살기 위해 몸부림친다고 한다. 남자는 이혼한 그날부터 세상 살기가 싫어서 죽으려는 사람처럼 행동을 한다. 식사를 거르는 날이 식사를 하는 날보다 많고, 술을 물을 마시듯이 마시며 방황하기 시작한다. 술먹는다고 잔소리를 할 사람도 없어졌으니 술에 취해 쓰러질 때까지 계속 먹어 댄다. 결국은 술병으로 몸져눕게 된다. 여자는 어떨까? 여자는 이혼을 당하면 일단 경제력이 없어 먹고살아야 하기 때문에 살기위해 발버둥 친다. 먹고 살기 위해서는 일을 해야 하는데 특별한 기능이나 기술이 없이는 취직하기가 쉽지 않기 때문에 취업이나 자영을 위해 필요한 자격증을 습득하기 위해 학원에 등록을 하고 건강관리를 위해 헬스장에도 등록을 한다. 오늘부터 믿을 사람은 오직 자신밖에 없다는 절박한 마음으로 노력을 해서 결국에는 자격증을 따고 취업을 하게 된다. 이처럼 위기에 닥쳤을 때 살려는 사람과 삶을 포기한 사람의 대응방식은 전혀 다르다. 삶을 포기한 사람은 자신을 학대하는 행동만을 골라서 하고, 살겠다고 마음을 먹은 사람은 살기 위해 모든 수단을 동원한다. 결과는 자신이 마음먹은 대로 이루어진다. 인생에서 성공하기 위해서는 돈, 집안, 학벌, 재능 등이 중요하지만, 더 중요한 것은 어떤 일을 꼭 해내겠다는 긍정적인 마음이다. 퇴직을 하고 집안에 움츠려 있다가 세상에 다시 나서는 순간 가장 중요한 것은 나이나 과거의 경력이 아니라 어떤 일을 하겠다는 긍정적인 마음가짐이다.

나이가 젊다고 해서 청년이 아니라 어떤 일에 도전할 의지가 있는 자가 진정한 청년이다. 그래서 아이가 패기가 부족하고 행동이 느릴 때 사람들은 그 아이를 애늙은이라고 한다. 퇴직 후에도 집에서 여가나 즐기려는 자가 아니라 자신이 하려는 일이 있고 일에 도전할 의지가 있는 자가 진정한 청년이다. 누구나 일찍부터 하고 싶었지만, 이런 저런 사정 때문에 미루어 왔던 일들을 한두 가지 가지고 있을 것이다. 오늘 그런 일들을 젊은이들처럼 패기 있게 시작해 보자. 오늘 이 일을 시작하지 못하면 어쩌면 영원히 해보지도 못하고 인생을 마감해야 될지도 모른다. 나이가 들면 내일을 장담할 수가 없다. 나에게 남아있는 시간이 오직 오늘뿐이라고 한다면, 당신은 오늘 무엇을 하겠는가?

인생은 영원히 계속되지 않는다. 자신은 영원히 죽지 않을 것 같은 착각 속에 살고 있을 뿐이지, 사람은 모두 정해진 시간을 살다가 세상을 떠난다. 예를 들어, 1955년에 태어난 사람이 2055까지 살아남을 확률은 높지 않다. 우리나라의 평균수명이 2010년 현재 80.8세이니 대략 자신이 태어난 해에다 평균수명을 더하면 대략 2036년을 전후해서 생을 마감하게 될 것이다. 그렇다고 그때까지 산다는 보장도 없다. 태어날 때는 순서대로 태어나지만 갈 때는 순서가 없다. 내일이 반드시 온다는 보장도 없다. 중요한 것은 자신에게 주어진 시간을 어떻게 열심히 사는 가이다.

이제 과거보다 사람들의 평균수명이 길어졌고 건강이 좋아졌기 때문에, 과거의 여가활동 중심의 퇴직 후 라이프스타일을 대폭 수정해야 한다. 과거와 같이 퇴직 후 어떠한 일도 하지 않으면서 여가활동 중심으로 이루어지는 여생은 인생의 공허함을 채우기에 미흡하다. 그래서 노후에 강조하는 것이 평생학습과 자원봉사이지만, 이들도 외로움과 공허함을 일부 덜어줄 뿐 근본적인 해결책은 되지 못한다. 근본적인 해결책은 사회관계를 계속 유지하며 사회에 일정한 영향력을 행사할 수 있는 일을 하는 것이다. 퇴직 후 의미 있는 삶을 위해 필요한 것은 일로부터의 자유가 아니라 일을 할 자유를 획득하는 것이다.

2. 인생은 현재진행형이다

인생은 태어나서 죽을 때까지 계속되는 현재진행형이다. 정년퇴직을 하였다 해도 이제 인생의 2/3정도가 지났을 뿐이며 인생에서 마지막 하이라이트가 아직 남아있다. 그런데 언젠가부터 우리사회에는 정년퇴직을 일을 그만 두고 집에서 죽는 날까지 쉬는 것이라는 잘못된 생각이 사람들 사이에 퍼져있었다. 정년퇴직을 일을 그만두는 시점으로 생각하게 된 이유는 노동자들이 오랫동안 선배 퇴직자들의 퇴직을 보아오면서 퇴직연령이 가까워오면 스스로 정신적 육체적으로 더는 일을 하기가 힘들다고 판단하기 때문이다. 아울러 국가와 금융권이 복지국가를 광고하면서 노동자들에게 퇴직은 열심히 일한 사람에게 사회가 주는 휴식이라며, 퇴직 후 일하지 않고 행복하게 휴식을 취하는 삶에 대한 환상을 심어 준 영향 때문이기도 하다. 그러나 자영업을 하는 사람들은 정해진 퇴직시점이 없기 때문에 60세가 넘어도 정신적 육체적으로 더 이상 일을 할 수 없다고 스스로 판단하지 않는다. 나이와 상관없이 자신의 힘이 달려 더 이상 일을 할 수 없을 때가 바로 퇴직시점이다. 인생은 퇴직과 함께 끝나는 것이 아니라 태어나서 죽을 때까지 계속되는 현재 진행형이다.

농경사회에서는 은퇴라는 말이 없었으며 일을 언제 그만둘 것인가는 자신의 건강상태에 따라 스스로 판단할 문제였다. 모든 사람들은 움직일 수 있는 한 생존을 위해 일을 하지 않으면 안되었다. 퇴직제도는 산업혁명 후 산업사회에서 고용된 노동자의 생산력이 떨어질 때 젊은 노동력으로 대체하기위해 자본가가 노동자에게 입사와 동시에 물러날 때를 알려준 것이다. 자본가가 노동자가 일을 시작하는 연령부터 퇴직할 때까지를 노동력의 유통기한으로 설정하고 유통기한을 지키도록 강요한 것이다. 그리고 백화점이나 슈퍼마켓에서 유통기한이 지난 상품을 찾아서 폐기하듯이 노동력의 유통기한이 다된 사람들을 찾아서 조직에서 퇴출시키고 있는 것이다. 그런데 사람의 유통기한은 공산품과 달리 태어나서 퇴직연령까지가 아니라 태어나서 죽을 때까지이다. 퇴직을 하면서 이제 모든 일에서 물러나는 것이라고 스스로 생각하는 것은 아주 잘못된 생각이다.

인간 외의 어떤 동물도 일을 그만 둘 때를 미리 정해놓고 일을 시작하지는 않는다. 인간만이 일을 시작할 때 물러날 때를 정해놓고 약속된 나이가 되면 스스로 물러난다. 퇴직약속은 자신이 하고 싶어서 한 것이 아니라 거부할 수 없는 억압적 환경에서 취업을 하기위해 할 수밖에 없었던 것이다. 따라서 퇴직 후에도 약속에 따라 일을 하지 않고 있다는 것은 퇴직 후에도 입사할 때 조직과 한 약속을 지키고 있는 것과 같다.

은퇴하고 일을 하지 않고 집에만 있으면 찾아오는 사람도 없다. 전화벨 울리는 빈도도 차츰 줄어들다가 나중에는 가족 외에 전화를 걸어올 사람도 없다. 배우자도 매일 같이 있으면 점차 불편해한다. 퇴직 후 삼식이가 집에 있으면 외출한 부인은 식사 때마다 불안해서 밖에 나가 오래 있을 수가 없다. 삼식이도 같이 놀아줄 배우자가 밖에 나가면 역시 불안하다. 배우자가 밖에 나가 잠시 늦기라도 해서 불안한 마음에 몇 번 전화라도 하면, 돌아온 배우자로부터 혹시 당신 의처증 있는 것 아니냐는 의심까지 받을 수가 있다. 늦게 들어오는 아이들에게 집에 일찍 들어오라는 말을 몇 번 했다가는 아빠는 잔소리꾼이라며 아이들로부터 왕따를 당할 수도 있다. 집에만 있다가는 세상의 모든 사람들이 자기를 버리는 것 같아 우울증에 빠질 수도 있다. 그러나 세상이 자기를 버린 것이 아니라 자신이 일을 하지 않음으로써 세상 사람들과 담을 쌓고 집안에서 나오지 않았을 뿐이라는 것을 알아야 한다.

집에서 가족들과의 갈등으로부터 벗어나기 위해서는 지금 당장 죽기 전에 꼭 해보고 싶은 일들의 목록을 만들고 하나씩 실천을 해보아야 한다. 사소한 것도 좋고 거창한 것도 좋지만, 일단 자신이 좋아하는 것을 시작해 보아야 한다. 퇴직 후 집에만 틀어박혀 외롭게 지내고 있는 당신을 세상 밖으로 끌어내줄 사람은 없다. 자신이 스스로 집으로부터 벗어나야 한다. 자신이 정말로 하고 싶은 일들을 계획하고 실천하기 위해 노력하지 않으면 집에서 죽을 때까지 벗어나지 못할지도 모른다. 남의 눈치를 보지 않고 자신을 스스로 통제하면서 나머지 인생을 즐기기 위해서는 자신이 좋아하는 일을 시작해야 한다. 그것이 아무리 사소한 일일지라도 시작을 해야 한다.

인간은 원래 생존을 위해서 죽을 때까지 일을 하도록 태어났지만, 사회적으로는 자신의 생년월일에 따라 특정 날짜에 일을 그만 두도록 강요받고 있다. 우리의 모든 조직사회에서 퇴직제도가 당연한 것으로 받아들여지고 있기 때문에, 일정 연령이 되면 스스로 물러날 준비를 하고 물러난다. 퇴직 후에도 일하는 사람을 측은하게 생각하거나 실패한 인생으로 간주하기도 한다. 젊은 사람들은 나이 들어 일하는 사람들에게 이제 집에서 편히 계시

지요 라고 하는 것이 선배에 대한 최고의 배려에서 하는 말이라고 생각하고 있다. 퇴직자는 속으로는 일자리를 빼앗으려 하는 것 같아 불쾌하지만 겉으로는 생각해 줘서 고맙다고 마음에 없는 답례를 한다. 그도 머지않아 몸 건강한 사람이 집에서 할 일 없이 쉬는 것이 쉬는 것이 아니라는 것을 곧 알게 될 것이다. 세상에서 가장 힘든 일은 할 일없이 집에서 빈둥거리고 노는 일이라고 놀아본 사람들은 이구동성으로 이야기 한다. 퇴직자도 마찬가지로 할 일 없이 노는 것이 힘들다. 일을 해야 경제적으로 독립을 하고 가족에게 큰 소리 치며 자신의 가치를 지킬 수 있다.

퇴직 후에 일을 하지 않고 연금으로 노후생활을 하는 사람을 연금생활자라고 부른다. 연금생활자라는 말을 들으면 어떤 생각이 드는가? 대부분의 사람들은 부러움보다는 무능력, 무력감, 축 늘어진 어깨 등을 생각하게 될 것이다. 반대로 노후에도 자신의 일을 하는 사람에게서는 당당함, 떳떳함, 쫙 펴진 어깨, 자신감 등을 느끼게 될 것이다. 실제로 일은 사람에게 자신감과 미래에 대한 희망을 준다. 사람은 생존을 위해서 주변사람들과 경쟁과 협력을 해야 한다. 그래서 생존경쟁이라는 말을 한다. 주변사람들은 이 경쟁률을 낮추기 위해서 온갖 감언이설로 당신의 일자리를 빼앗을 기회를 노리고 있다. 그들의 말을 그대로 믿고 퇴직하고 집에만 있다가는 그들이 만든 감옥에 갇혀 경쟁을 할 수가 없을 것이다.

퇴직이라는 말은 생각만 하여도 가슴이 답답하고 두렵기조차 할 것이다. 퇴직이라는 말을 생각하면 바로 자신이 살아온 인생을 회고하게 되고 살아온 날들에 대한 후회도 될 것이다. 이제 나이가 들어 더 이상 새로운 것을 시작할 수 없음을 안타깝게 생각하고 갑자기 자신이 무능력한 인간으로 생각될 수도 있다. 그러므로 나이가 들어감에 따라 퇴직을 생각하기 보다는 계속 가치 있는 삶을 어떻게 이어갈 것인지에 대한 계획을 세워야 한다.

당신은 지금까지 세상을 살아오면서 축적한 풍부한 경험을 가지고 있지 않은가? 어떤 일을 하고자 할 때 실수를 두려워하면 아무것도 얻을 수가 없다. 실수를 하지 않는 사람도 없다. 에베레스트와 같은 고산을 등정하는 산악인들은 한 번에 정상까지 오르기를 원하지만, 성공할 가능성보다 실패할 가능성이 더 많고 잘못되면 목숨도 잃을 수 있다는 것을 알면서도 정상 정복을 위해 계속 도전한다. 정상 정복에 실패한다고 해도 실망하지 않고 계속 도전하다보면 마침내 정상에 오를 수 있다. 도전 하지 않고는 성공도 없다. 사람이 사는 것도 마찬가지이다. 무엇인가 인생의 목표를 세우고 계속 도전해야 성공하는 것이 있을 수 있다. 아이러니 하게도 우리사회에는 경제적 여력이 있는 사람들은 퇴직하지 않고 일을 계속하는 반면, 퇴직할 형편이 아닌 사람들이 퇴직을 해서 경제적으로 더 어려운 생활을 하고 있다. 사회에서 성공했다고 하는 사람들은 결코 은퇴를 하지 않는다. 세계적으로 성공한 빌게이츠와 워린 버핏도 열심히 일을 하고 있고, 우리나라의 성공한 사람들 대부분도 생을 마감할 때까지 은퇴하지 않고 자신의 일을 계속한다. 퇴직을 하고 일하지 않고도 먹고 사는데 지장이 없는 사람들도 퇴직 후 다른 일을 계속하는데, 퇴직 후에도 돈을 벌지 않으면 경제적으로 어려움이 있는 사람들이 퇴직 후 취미생활이나 하겠다고 일을 그만두면 되겠는가? 더구나 자신이 원해서 퇴직한 것이 아니라 타인에 의해 강제적으로 회사에서 내몰렸다면 자신의 삶을 여기서 정리해서 되겠는가? 이제 남을 위해서가 아니라 자신을 위해 일을 계획하고 실천하여 나름대로 성공을 해보아야 할 것이다. 자신의 경제상황을 고려해 볼 때 퇴직할 상황이 아니라면 절대 퇴직을 해서는 안된다. 살아있다는 것과 죽었다는 것은 어떻게 다른가? 살아있다는 것은 움직인다는 것이고 죽었다는 것은 움직임이 없다는 것이다. 퇴직 후 죽지 않고 살려거든 계속 움직여야 한다. 자신과 사회에 도움이 되는 움직임을 계속 해야 사는 보람을 찾을 수 있다.

나이든 사람들은 비록 변화에는 빠르게 적응하지 못하지만 숙련된 노동자들이다. 이들이 퇴직을 한다는 것은 우리사회에서 숙련노동자들이 점차 사라진다는 것을 의미한다. 요즘의 젊은이들은 변화에는 빠르게 적응할지 모르지만, 오랜 숙련기간이 필요하고 돈을 많이 벌 수 없는 일에는 관심이 없다. 오랫동안 자신의 일을 숙명으로 알고 살아온 숙련 노동자들은 자신이 해온 일이 비록 힘이 들고 많은 보수가 주어지는 것은 아니지만 사명감과 자부심을 가지고 전통을 지켜오는 사람들이다. 이들이 은퇴를 하면 전통이 사라질 수도 있다. 나이든 숙련노동자들은 하는 일이 큰돈이 되지 않는다 해도 일 자체를 즐기려 하는 사람들이다. 숙련 노동자들은 비록 새로운 변화를 수용하거나 일을 처리하는 속도는 젊은이들에 비해 느릴지 모르지만 책임감이 강하고 성실하게 일을 마무리한다. 우리사회도 우리의 전통을 지키기 위해서

이들 숙련노동자들의 퇴직에 대해 바라만 볼 것이 아니라 활용을 위한 방법을 강구해야 한다.

실제로도 앞으로는 나이든 숙련노동자들이 산업현장에서 오래 일을 할 수 밖에 없게 되고 있다. 현행의 퇴직제도가 각 산업부문에서 일정 연령이 되면 숙련노동자들을 무차별적으로 일로부터 분리시키고 있기 때문에, 앞으로 대부분의 전통산업에서 숙련공이 귀해질 것이다. 출산율 감소로 절대적인 노동력도 부족한데다가 이들 분야는 노력에 비해 소득이 만족스럽지 않아 젊은이들이 기술을 습득하려고 하지 않을 것이기 때문이다. 전통산업을 유지하기 위해 숙련자들이 계속 필요한데, 젊은이들이 이들 분야에서 일하는 것을 기피하는 한 퇴직 숙련노동자들의 재고용은 불가피해 보인다. 농업부문을 생각해보라. 산업화로 농촌 젊은이들이 도시로 떠나가고 농촌에서 젊은이가 부족해지자 농업에서 나이 많은 노동자들의 고용이 늘어났고 농업기계화가 가속화되었다. 대부분의 산업에 기계화가 이루어진 오늘날에도 인력을 이용 할 수밖에 없는 일들은 대부분 나이 많은 노동자들이 맡고 있다. 이런 변화는 출산율 감소로 젊은 노동력이 부족해지면서 다른 많은 산업부문으로 확대되어 갈 것이다.

다행스럽게 오늘날에는 조직에서 조기퇴직과 명예퇴직이 일반화되고 있고 자발적으로 조기에 퇴직을 하고 자신의 일을 하려는 사람들이 늘어나면서 퇴직의 의미가 일의 끝이 아니라 새로운 출발을 위한 전환점이라는 인식이 확산되고 있다. 최근에는 퇴직 후 취미생활을 즐기는 사람들의 모습보다 퇴직 연령에 자기사업을 시작하여 성공한 사람들의 성공담이나 귀농하여 성공한 사람들의 모습을 소개하는 TV 프로그램들이 많아지면서 퇴직 후 일을 그만 두려는 사람들보다 자기 일을 시작하려는 사람들이 늘어나고 있다. 정년퇴직 전이라도 조직에 의존하여 경제적 안정을 추구하기 보다는 경제적으로 불안하기는 하지만 자기가 좋아하는 일을 새롭게 시작해 보겠다는 중대결심을 하고 새로운 일을 시작하는 사람들이 늘어나고 있다

이제 노후를 자식들이나 국가에 의존할 수가 없다. 젊어서 노후에 일을 하지 않고도 먹고 살 만큼 돈을 모아 놓지 않았다면 절대 퇴직을 생각하지 마라. 인생은 죽는 날까지 현재 진행형이다. 죽는 날까지 자신에 대한 통제력과 품위를 유지하기 위해서는 계속 일을 해야 한다.

3. 이 없으면 잇몸으로 산다

대부분의 퇴직자들은 물려받은 재산도 없이 자녀교육을 시키고 내 집 마련을 하는 것만으로도 힘에 부치는데 자신의 노후를 위해 저축까지 해야 하는 부담감 때문에 많은 스트레스에 시달리고 있다. 최근 금융기관의 홍보전단과 매스미디어에서 하는 노후를 위해서 돈을 얼마정도는 준비해 두어야 한다는 이야기가 스트레스를 더욱 가중시키고 있다. 이런 스트레스를 덜 받기 위해서는 퇴직 이후 무위도식하며 먹고 살 목돈을 저축하기 위해 스트레스를 받기보다는 저축할 돈으로 퇴직 전에 퇴직 후의 사업이나 취미와 관련된 분야의 지식과 기술을 배워서 퇴직 후 수입으로 연결할 방법을 생각해 보는 것이 보다 현실적인 해결책

이 된다. 퇴직 전에 퇴직 후에도 계속할 일거리를 미리 찾아보고 준비를 하라는 것이다. 퇴직 후에는 젊은 시절처럼 일에 하루 종일 매달리지는 못하겠지만, 시간제 일이라도 꾸준히 할 수 있는 지식이나 기술을 미리 습득하여 준비를 하라는 것이다. 이 같은 퇴직 후 일자리를 앙코르 커리어(encore career)라고 한다. 요즘에는 나이든 사람들 중 과거에 비해 건강하고 높은 교육수준을 갖추고 있는 사람들이 많아졌기 때문에, 사회 각 분야에서 앙코르 커리어를 수행하고 있는 사람들이 많이 있다.

사람들이 퇴직 후에도 일을 해야 하는 이유는 크게 세 가지로 요약될 수 있다. 첫째는 퇴직 후에도 지속적인 경제적 수입원이 필요해서 일을 하는 경우이다. 둘째는 삶의 의미를 찾을 수 있는 보람된 일을 하려고 일을 하는 경우이다. 셋째는 퇴직 후에도 사회적 지위를 계속 유지하면서 성공적인 삶을 살기 위해 일을 하는 경우이다. 퇴직 후에도 일을 계속 하고자 한다면 우선 일을 하는 목적을 분명히 하고 준비를 해야 한다. 퇴직 후의 일은 가능하면 퇴직 전에 오랫동안 종사해서 풍부한 경험과 지식을 가지고 있는 분야에서 시작하는 것이 실수를 줄이는데 좋을 것이다. 새로운 분야에서 새롭게 일에 도전하고자 한다면 앙코르 커리어에 적합한 직종에 필요한 전문적인 지식과 기술을 사전에 쌓아놓는 것이 필요하다.

조직의 관리직에서 주로 근무한 사람은 퇴직 후 자신만의 전문성이 없어 전직에 어려움이 많을 수 있다. 사무용품 제조업체에서 관리직으로 있다가 명퇴한 L(53)씨는 제조업 관리직은 물론, 택배기사, 마을버스기사까지 1년간 수 십 번의 전직을 시도했지만 매번 실패하였고, 연봉도 4,000만원에서 2,400만원까지 낮추었지만 연락이 없었다고 한다. 퇴직 후 과거의 관리적 경력은 제 2의 직업을 얻는데 전혀 도움이 되지 않으며, 전문성이 있는 기술이 절대적으로 필요하더라는 것이다. 그리고 우리사회에서 나이가 50살이 넘으니 완전히 사람을 퇴물로 취급을 해서 월급쟁이로의 취업문이 거의 닫혀 있더라는 것이다. 이제 취업을 위한 노력 대신 노후에도 계속할 수 있는 새로운 기술을 습득하기 위해 준비를 하고 있다고 하였다.

얼마 전 방송통신대학교에 출강하게 되었는데, 수업을 받는 학생 중 낯익은 얼굴이 있어 쉬는 시간에 가서 알아보니 고등학교 때 동창이었다. 고등학교 졸업 이후 처음 만나게 된 친구였다. 지금은 우리나라 대표적인 건설회사의 현장소장으로 일을 하고 있지만, 앞으로 퇴직을 하면 농촌으로 귀농을 하려하는데 농촌에 대해 아는 것이 너무 없어서 농학과에 입학하여 농업과 농촌을 배우고 있는 중이라고 했다. 나이 들어서 새로운 일을 하고자 할 때는 그 일에 대한 사전지식과 경험이 매우 중요하다. 이 친구는 농촌에서 태어나고 자라 농촌을 어느 정도 알고 있었지만, 더 체계적으로 새롭게 시작하기 위해 새로운 지식과 경험을 받아들이고 있었던 것이다.

요즘 대부분의 대학에서 야간부 학생들이 많이 줄었지만, 사회복지학과는 예외적으로 공부하는 학생들이 많이 늘었다. 이들 대부분은 나이가 많은 사람들로 퇴직 후 사회복지 관련기관에 근무하거나 자원봉사를 하기 위해 미리 준비하는 사람들이다. 최근 요리학원이나 미용학원에도 퇴직 후 창업이나 봉사를 위해 필요한 기술을 습득하려는 장년층이 많이 늘어나고 있다고 한다. 이들도 마찬가지로 앙코르 커리어에 필요한 기술을 사전에 습득하려는 사람들이다.

퇴직 후 할 일을 준비하지 않고 퇴직하면 취미생활이나 하면서 살겠다는 것은 퇴직 후 30년의 세월을 추가소득 없이 벌어 놓은 돈을 곶감 빼먹듯이 빼먹으며 살겠다는 것이다. 젊어서 벌어 놓은 돈이 많거나 상속유산이 많다면 가능하겠지만, 그렇지 않다면 추가소득을 위해 일을 할 준비를 해야 한다. 퇴직을 하면 소득이 줄어드는데 비해 생활비를 줄이기가 쉽지 않고, 나이가 들어감에 따라 병원비와 간병비가 점차 많이 들어가기 때문에 추가 소득 없이는 경제적으로 어려움을 겪을 수밖에 없다. 따라서 퇴직 후에도 일을 할 수 있도록 퇴직 전에 나이 들어서도 할 수 있는 자격증을 따놓든가 소규모 자영업을 할 수 있는 관련 자격증을 준비하는 것이 필요하다. 또는 자신이 평생해온 직업과 관련해서 파트타임으로 일을 할 수 있는 방법을 알아보는 것도 좋을 것이다. 일이란 우리가 사회생활을 하는데 필요한 돈을 벌게도 하지만 삶의 의미를 부여하기도 한다. 경제적인 문제 외에 노후에 의미 있는 삶을 살기 위해서라도 일이 필요하다. 이제 일은 강요 때문이 아니라 자신이 원해서 하는 일이어야 한다.

퇴직을 일을 하지 않고 쉬는 것으로 생각하는 것은 매우 잘못된 것이다. 퇴직 후에도 일을 하는 것이 중요하다는 것을 알고 있지만, 일을 시작하는 것을 망설이게 하는 것은 괜히 일을 하다 실패해서 노후를 힘들게 사는 것보다 아무 일도 하지 않고 있으면 실패할 일도 없을 것이라는 안일한 생각 때문이다. 물론 일을 하다 망할 수도 있다. 그렇지만 새로운 일을 시작할 때는 망했을 때의 걱정보다는 성공했을 때의 자랑스러운 모습을 그리면서 일을 시작해야 자신감과 용기를 가지고 일을 시작할 수 있다. 퇴직 후에는 일을 해서 큰돈을 벌겠다는 생각보다는 생활비와 용돈 정도를 벌겠다는 비교적 가벼운 생각으로 일을 시작해야 시작에 부담이 적다. 자신이 아직 사회에서 퇴물이 아니라 유능하고 유용한 사람이라는 것을 주변사람들에게 확인시켜주기 위해서라도 일을 해야 한다.

일을 해야 하는 또 다른 이유는 건강을 오랫동안 유지할 수 있기 때문이다. 퇴직 후 일을 하는 것이 정신적 육체적으로 건강을 증진시킨다는 증거들이 많이 있다. 일을 하지 않고 집에만 있으면 소파에 눕거나 삐딱한 자세로 하루 종일 TV를 보거나 웅크린 자세로 신문을 읽기 때문에 몸의 균형을 잃을 수 있다. 집에만 있게 되고 외출이 줄어들면서 몸의 활동량이 줄어들어 근육도 줄어들고 굳는다. 먹는 것에 비해 운동량이 줄어들면서 배가 나오고 성인병에 걸리기 쉽다. 그러나 일이 있으면 매일 일찍 자고 일찍 일어나 규칙적인 식사를 하게 되고 활동량이 늘어 육체적 건강에 도움이 된다. 일을 하면서 머리를 쓰다보면 근심, 걱정, 외로움 등이 사라져 정신건강에도 도움이 된다.

일은 사람들에게 사회관계를 유지시켜 사회적 고립을 막아주고 자신이 사회에 부담이 되는 존재가 아니라 사회에서 의미 있는 일을 하는 존재라는 자존감을 갖게도 한다. 일은 단지 돈을 벌기 위한 수단일 뿐만 아니라 사회공동체의 구성원으로서 사회에 의미 있는 일을 하면서 삶의 보람을 찾을 수 있게도 한다. 많은 퇴직자들이 경제적인 어려움이 없음에도 불구하고 퇴직 후 다시 일터로 복귀하고 있는 이유도 이 때문이다.

일을 통해 자신의 정체성을 찾을 수도 있다. 퇴직을 하면서 가장 난처한 것은 사람을 만날 때마다 자신을 소개하면서 건네던 명함이 사라졌다는 것이다. 현대인들은 자신을 소개할 때 명함을 상대방에게 건네며 자신이 어디서 무슨 일을 하며 직위는 어떻다는 것을 밝히게 된다. 그 과정에서 자신의 정체성과 자신감을 확인하게 되는데, 일이 없으면 새로운 사람을 만났을 때 악수와 동시에 건넬 명함이 없기 때문에 자신감이 줄어든다. 그러다보면 사람 만나기를 꺼려하게 되어 점차 사회로부터 고립되어진다. 자신감 회복과 새로운 사람들을 만나기 위해서라도 일이 필요하다.

퇴직 후 어떤 일을 할 것인가는 퇴직이유와 관련하여 생각해보아야 한다. 사람들이 퇴직을 하는 이유는 건강 이상으로 일을 계속하기기 어렵거나 새롭게 자기사업을 해보고자 할 때와 같이 자발적으로 퇴직을 하는 경우도 있고, 조직에서 정한 정년이 되어 어쩔 수 없이 조직에서 물러나게 되었을 때와 정리해고와 같이 자신의 의지와 무관하게 타의적으로 퇴직을 강요당하는 경우도 있다.

자발적으로 퇴직을 한 경우에는 우선 자신의 건강상태, 지금까지 종사해 왔던 일에 대한 적성여부, 자녀들의 교육과 결혼상태, 경제적인 자금상태 등을 종합적으로 검토한 후 어떤 일을 할 것인가를 생각해야 한다. 퇴직 전 일과 관련된 전문적인 지식이나 기술을 보유한 사람이라면 관련분야에서 컨설턴트나 프리랜서로 시간제 노동을 하는 것이 안정적인 퇴직생활을 하는 한 방법이 될 수 있을 것이다. 전문적인 지식이나 기술은 없지만 퇴직 후 자기사업을 해보고 싶었던 사람은 퇴직이 바로 자기사업을 시작할 수 있는 전환점이 될 수 있다. 자기사업을 위해서는 먼저 하고자 하는 일에 대해 사전조사를 실시하고, 그것이 자신의 적성과 맞는지와 사업에 필요한 자본을 어떻게 마련할 것인지에 대해 철저히 따져보아야 한다. 하고자 하는 일이 적성에 맞으면 큰 돈을 벌 수 없다고 해도 재미가 있어서 열심히 일을 하고 일에서 보람을 찾겠지만, 남들이 잘 된다고 해서 남의 말만 믿고 사업을 시작했다가 생각대로 일이 잘 되지 않을 때는 후회를 하게 되고 일에 대한 열정도 식어버려 바로 사업이 어렵게 될 수밖에 없다. 자기사업은 젊은 나이에 시작해도 힘든데 나이 들어 시작하는 만큼 심시숙고해서 결정해야 한다. 자기사업은 시작하자마자 바로 수익이 나오는 것이 아니라 일정기간이 지나야 수익이 나오기 때문에, 그 동안의 운영자본과 가족들의 생활비가 필요하다는 것도 고려해야 한다.

비자발적으로 퇴직을 당한 경우에는 퇴직과 동시에 본인뿐만 아니라 가족 전체가 갑작스런 위기에 당면할 수 있다. 이런 위기 상황에서는 퇴직을 새로운 도전을 위한 기회로 생각하고 자기사업을 시작하는 사람이 있는가 하면, 퇴직을 자신의 운명으로 받아들이고 집에 틀어박혀 나머지 인생을 방황하면서 보내는 사람이 있다. 퇴직과 동시에 어떤 길을 선택할 것이냐는 본인의 의지에 달려있다. 그렇지만 퇴직을 당한 사람은 퇴직할 준비가 되어 있지 않기 때문에 반드시 퇴직을 새로운 도전의 기회로 삼아야 한다. 새로운 도전에 성공하여 자신의 능력을 몰라보고 퇴직을 강요했던 사람들에게 인재를 몰라보고 내보냈다고 후회를 하도록 만들어야 하지 않겠는가? 이제 믿을 수 있는 것은 가족뿐이다. 가족 전체의 동의와 지원 하에 새로운 일을 시작해보는 것이다. 강제 퇴직 후 가족의 위기상황에서는 더 이상 나빠질 것도 없다. 밑바닥 상황에서는 상승할 일만 남아 있다고 모든 일을 긍정적으로 생각해야 한다. 더 이상 남의 눈치를 보느라 망설여서는 안된다. 생존을 위해 가족이 합심하여 새롭게 일을 시작해야 한다.

일반적으로 젊은 사람이 한 직장에서 자발적 또는 비자발적으로 물러나는 것을 퇴직이라 한다면, 직장의 정년규정에 따라 일정 연령이 되어 직장에서 물러나는 것을 은퇴라고 한다. 외환위기 이후 이런 은퇴의 개념이 점차 우리사회에서 퇴색되고 있다. 외환위기 이후 많은 기업들이 아웃소싱, 외국인 노동자 고용, 기업 인수합병에 따른 구조조정 등으로 사람들을 직장에서 해고 하면서 정년퇴직이란 말 못지않게 조기퇴직이나 명예퇴직이란 말이 보편화 되고 있는 것이다. 이제 은퇴를 해도 일을 완전히 그만두기 보다는 신체리듬에 맞게 일의 종류를 바꾸어 계속하는 사람들이 많기 때문에 은퇴라는 말이 점차 사라지고 있다. 은퇴 후 일을 그만두기 보다는 자신에 적합한 일을 찾아 여러 직업을 이전하는 것이 보편화되고 있는 것이다. 이제 은퇴는 과거와 같이 일을 하지 않게 되는 시점이 아니라 자기가 좋아하는 일을 선택해서 자신의 능력에 맞게 재조정하는 시점이 된 것이다. 이런 의미에서 은퇴라는 말 대신에 직업조정(career adjustment) 또는 직업이동(career movement)이란 말이 더 어울릴 것 같다.

과거의 은퇴는 노동자가 나이가 들어 신체가 노화됨에 따라 힘든 노동을 감당하기가 어렵게 되었을 때 보상차원에서 힘든 노동으로부터 벗어나 여가를 즐기면서 여생을 보낼 수 있게 하는 일종의 사회적 배려였다. 그 때는 후배가 일을 힘들어 하는 선배에게 이제 일을 그만하고 집에서 쉬라는 말이 지금처럼 서운하게 들리지도 않았었다. 오늘날의 은퇴는 조직에서 일을 하다가 개인의 건강상태나 개인의 의사와 관계없이 조직이 정한 나이에 이르면 당연히 물러나야하는 것처럼 되었다. 그런데 오늘날 의학기술의 발달과 식생활 환경의 개선으로 평균수명이 길어졌고 건강상태가 많이 좋아졌음에도 불구하고 노동자의 퇴직연령을 과거와 똑같이 적용한다는 것은 문제가 아닐 수 없다.

산업사회에서 만들어진 퇴직제도가 오늘날 사람들을 더 빨리 늙게 하고 있다. 퇴직제도가 없었을 때에는 사람들이 자신의 신체능력이 노동을 감당할 수 없을 때에 스스로 물러났기 때문에 타인에 의해 강제로 일을 그만두라는 말을 듣는 일은 거의 일어나지 않았다. 일을 그만 두고자 할 때는 자신의 노동능력이 거의 소진되었을 때이기 때문에 일에 대한 아쉬움이나 미래의 삶에 대한 두려움도 거의 없었다. 오늘날처럼 아직 일을 할 노동능력이 있음에도 불구하고 물러나야 하기 때문에 일에 대한 아쉬움이 남고, 앞으로 살아가야 할 날이 많이 남았는데 할 일이 없어지기 때문에 미래에 대한 두려움을 갖게 된다. 퇴직 후에 대한 준비가 제대로 갖추어져 있지 않았는데 일을 그만 두어야 하기 때문에 좌절하게 되고, 일하지 않고도 먹고 살 수 있을 만큼 충분히 모아 놓은 것이 없기 때문에 미래에 대한 두려움을 갖게 된다. 과거의 농경사회에서 사람들은 몸을 움직일 수 있을 때 까지 일을 해서 먹고 살면 되었기 때문에 미래에 대한 두려움이 없었다. 지금도 농촌지역에서는 사람들이 나이와 상관없이 퇴직 없이 몸을 움직일 수 있을 때 까지 일을 해서 먹고 산다. 이들은 당장 모아 놓은 돈이 없다고 해서 미래를 두려워하지도 않는다.

신문에서 한 증권회사 사장이 자신은 은퇴가 기다려진다는 투고를 한 것을 본적이 있다. 퇴직 후 일로부터 자유로워지면 요리를 배우고 세계여행을 떠나고 싶다고 했다. 자신의 이런 꿈을 실현시킬 수 있는 퇴직이 기다려진다고 하는데 과연 그의 말대로 많은 사람들에게 은퇴는 기다려지는 것일까? 은퇴는 기업이 나이든 사람을 비교적 싼 임금의 젊은 사람으로 교체하려는 것이다. 이런 사실을 알면서도 은퇴가 기다려지겠는가? 일을 하지 않고도 충분히 먹고 살 정도의 축적을 한사람이라면 혹시 그런 생각을 할지도 모르겠다. 하지만 대부분의 은퇴하는 사람들은 아직 일할 의욕과 능력이 있음에도 불구하고 조직이 규정을 내세워 몰아내고 있으니까 아쉬움이 있지만 어쩔 수 없이 물러나고 있는 것이다. 사회는 이들 퇴직자들을 나이 들어 더 이상 일을 할 수 없는 무능력한 사람인 것처럼 낙인을 찍어 채용을 기피한다. 이런 사회적 낙인에 대해 퇴직 후 처음에는 적극적으로 거부하고 아직 노동능력이 있음을 보여주기 위해 노력도 하지만, 노력의 성과가 없을 때는 스스로 사회적 낙인을 받아들이고 무능력한 퇴직자로 살아간다.

은퇴를 원하는 사람은 아마도 거의 없을 것이다. 자신의 은퇴가 언제 올 것이라는 것을 모르는 사람도 없다. 단지 사람들은 자신의 은퇴 뒤의 모습을 생각하기 싫어서 마치 자신에게는 은퇴가 없을 것처럼 행동할 뿐이고 자신은 은퇴 후에도 잘 될 것이라는 막연한 기대를 가지고 불안감을 숨기고 있을 뿐이다. 그러나 은퇴를 준비하지 않고 두려움을 숨긴다고 오지 않는 것이 아니다. 그러다가는 은퇴가 곧 위기가 될 수 있다. 은퇴가 위기가 아니라 기회가 되기 위해서는 사전에 철저한 준비가 이루어져야 한다. 위기를 뒤집으면 곧 기회가 될 수 있기 때문이다.

산업사회에서 직업은 개인에게 수입을 가능하게 할 뿐만 아니라 사회적 지위와 역할을 부여하기 때문에 퇴직은 곧 수입상실에 따른 경제적 어려움은 물론 사회적 지위와 역할 상실에 따른 자아정체감의 혼란을 가져오게 한다. 퇴직으로 일정한 소득이 없어지면서 중산층에서 신빈곤층으로 추락하거나 할 일없이 시간이나 때우며 남은 인생을 보내는 사회적 잉여 노동력으로 전락할 수도 있다.

조직사회에서 은퇴는 솔직히 말해 당신의 전성기는 끝났으니 이제 자리 빼라는 이야기다. 그러나 당신의 전성기는 아직 끝나지 않았다. 지금까지 축적한 경험을 바탕으로 이제 자신의 전성기를 만들어 가야할 차례이다. 미국의 대통령에서 물러난 후 더 바쁘게 세계를 돌면서 가난한 사람들을 위해 집을 지어주는 해비타트 운동을 하는 지미 카터를 보라. 당신도 오랫동안 축적한 자신만의 지식, 기술, 경험이라는 무기를 가지고 있지 않은가? 이것들을 버리지 말고 자신을 위해 활용할 때 당신은 경제적 안정과 독립을 유지할 수 있다. 우리는 자신의 생존을 다른 사람에게 맡기고 눈치만 보면서 살도록 태어나지 않았다. 죽을 때까지 생존을 위해 태어났으니 생존을 위해 일을 해야 한다. 은퇴를 사회가 전직할 기회를 나에게 준 것이라고 생각하고 자신의 성공한 미래의 모습을 생각하면서 긍정적으로 새 출발을 해야 한다.

은퇴 전 직장생활을 할 때는 취미생활은 은퇴 후에나 하는 것이고 은퇴 전에는 가족을 위해 열심히 일이나 하라고 요구받아 왔다. 그러나 노는 것도 놀아본 사람이 잘 논다고 어느 날 갑자기 퇴직했으니 놀아보라면 잘 놀 수 있겠는가? 평소에 일을 하면서 시간 날 때마다 놀아봐야 퇴직 후에도 잘 놀 수 있다. 행복한 노후를 위해 중요한 것은 어떤 취미생활을 할 것인가에 대해 고민하기 보다는 은퇴 없이 할 일을 찾는 것이 더 중요하다.

사람들은 은퇴를 하는 이유를 다음과 같이 이야기 하고 있다. 하나는 가족에 대한 미안함으로 가족과 많은 시간을 보내기 위해 은퇴를 한다는 것이다. 평소에 가정보다 직장을 우선시 하다보니 가족들과 많은 시간을 갖지 못해 가족들에게 미안해서 가족들과 보다 많은 시간을 가지려고 은퇴를 한다는 것이다. 정말로 가족과 많은 시간을 가지려 한다면 아이들이 어려서 주로 집에 있을 때 했어야 했다. 아빠가 퇴직연령에 가까워질 때 쯤 되면 아이들은 대학을 다니고 있든가 결혼을 할 때가 돼서 집에서 가족과 같이 있을 시간이 많지 않다. 시간이 있다고 해도 아이들은 아버지와 함께 많은 시간을 가지기를 원하지 않을 것이다. 아이들이 크고 나서 모처럼 휴가를 내서 아이들과 가족여행이라도 가려고 하면 아이들은 나름의 이유를 들어 어른들과 여행을 같이 가지 않으려고 하는 것을 많이 경험했을 것이다. 아이들이 어렸을 때 아버지가 바쁘다는 이유로 아이들과 같이 놀아준 적이 별로 없었기 때문에 아이들은 아버지와 같이 있는 것 자체를 어색해 한다. 남편과 하루 종일 같이 있는 것을 아내도 원할 것이라고 생각하는 것은 남편의 착각이다. 하루 세끼를 부인이 챙겨줘야 하는 한국의 실정에서 아내가 남편의 식사를 매번 챙겨주면서 같이 있는 것을 좋아할 부인은 별로 없다. 부인은 친구들과의 모임이라도 있는 날이면 아침부터 무엇이 어디에 있으니 찾아먹으라고 일러주어야 하고, 밖에 나와서도 때가 되면 안절부절 못하고 집에 전화해 다시 확인을 해야 한다. 이런 상황에서 아내가 집에만 있는 남편을 좋아하겠는가?

예전에 만난 군 고급장교의 이야기다. 부인과 아이들은 서울 집에 있고 자신만 대전 인근의 군부대에 근무하는데 한 달에 한두 번씩 서울 집에 다녀온다고 한다. 그런데 서울 집에 가면 내 집이 아니라 남의 집에 온 것처럼 불편하더라는 것이다. 자신의 옷은 대부분이 군복인데 서울집에는 군복대신 양복이 옷장에 걸려있고 자신보다는 부인과 아이들의 살림살이가 집안에 가득 진열되어 있다는 것이다. 부인과 다 큰 아이들은 아빠가 오는 날은 외출도 하지 못하고 집에서 비상대기 하는 날이 되고, 아빠의 기분이 혹시 좋지 않은 것은 아닌가 긴장해서 자신의 눈치만 보고 있다는 것이다. 자신도 편하게 집에서 쉬고 싶지만 자신의 눈치를 보는 부인과 아이들이 마음에 걸려서 점심식사 후에는 다시 직장이 있는 대전으로 내려와야만 마음이 편해지더라는 것이다.

평소 밖에 나가 일만하던 아빠가 어느 날부터 하루 종일 집에 있다고 좋아할 부인이나 아이는 없다. 그것은 남자들만의 착각이다. 그리고 가족들에게 미안한 마음을 가질 필요도 없다. 그동안 혼자 잘 살자고 일한 것이 아니라 가족을 부양하기 위해 열심히 일하지 않았는가? 아내와 아이들도 아빠가 가족을 위해 열심히 살아왔다는 것을 알고 있다. 아빠에 대한 가족들의 불만이란 것도 아빠가 가끔씩 가족과 함께하기를 바랐던 것뿐이다. 가족 누구도 아빠가 일을 전혀 하지 않기를 바라지 않았다. 더 이상 가족을 이유로 일을 그만두려 하지 마라.

사람들이 은퇴를 하는 또 다른 이유는 그동안 하지 못한 취미생활을 하기 위해서 라고 한다. 취미생활을 하기 위해 퇴직을 한다는 것도 무엇인가 착각을 하고 있는 것이다. 취미생활은 평소에 일을 하면서 여가시간을 이용하여 하는 것이다. 퇴직 후에도 매일 취미생활만 하며 나머지 인생을 보낼 수는 없다. 많은 사람들이 퇴직 후 취미로 여행을 이야기 하지만 매일 여행을 다닐 수는 없다. 취미생활은 주업이 아니라 주업을 하고 난 후의 여가생활일 뿐이다. 퇴직 후에도 해야 할 주된 일이 있어야 취미생활을 하더라고 부담이 되지 않는다. 퇴직은 일을 하지 말라는 것이 아니라 다른 일을 해보라는 것으로 이해해야 한다. 이제 자신이 좋아하는 자신의 일을 해보라는 것이다. 지금까지는 자신의 운명을 남에게 맡겼었지만, 이제 스스로 자신의 진퇴를 결정할 수 있고 자신의 능력을 발휘할 수 있는 자신의 일을 해볼 전환점이 바로 퇴직인 것이다. 퇴직 후 건강과 즐거움을 위해 취미생활을 하는 것은 좋은 일이기는 하지만, 취미생활에 모든 시간과 노력을 투자하기 위해 퇴직을 하겠다는 것은 어리석은 행동이다.

인생은 연극과 같이 3막으로 이루어졌다고들 한다. 1막은 태어나 부모의 도움을 받으며 성장하고 교육을 받고 직장을 잡기까지의 과정이며, 2막은 직장을 잡고 결혼을 하여 아이를 낳고 열심히 돈을 벌어 자신과 가족을 위해 쓰고 일부를 제 3막을 위해 축적해 놓는 과정이다. 3막은 퇴직 후 자신이 좋아하는 일과 취미생활을 즐기고, 일부는 남을 위해 봉사하는 생활을 하며 삶을 마감하는 과정이다. 인생의 1막과 2막은 주로 자신과 가족을 위해 일을 했다면, 3막에서는 자신과 남을 위해 일을 하는 인생을 살아야 한다. 우리가 죽음의 문턱에서 인생을 어떻게 살아왔는가를 판단하는 것은 퇴직 후 자신의 생활에 달려 있다. 사람이 55세 전후에 퇴직을 해서 85세까지 산다고 하면 아직도 30년이라는 기간이 남아 있다. 인생의 1/3이나 남아있는 것이다. 이 긴 시간을 할 일 없이 집에만 있어야 한다면 얼마나 따분하겠는가? 등산을 하고 친구를 만나는 것도 매일 할 수는 없다. 할 일 없이 집에만 있다 보면 주변에서 금융권보다 높은 이자를 주겠다는 사람들의 이야기에 현혹되어 퇴직금을 날리기도 한다. 퇴직 후에도 일을 하면서 세상과 소통해야 이런 어리석은 행위를 하지 않을 수 있다. 은퇴 후 일을 하지 않으면, 자신에게 미래는 없고 과거만 남는다. 퇴직 후 하는 일 없이 놀고 있는 사람들과 이야기를 해보면 현재나 미래에 대한 이야기 보다는 아주 오래전에 자신이 무엇을 어떻게 했었다는 무용담을 주로 화제로 삼는다. 일을 하지 않는 사람은 과거에 살고 있고, 일을 하는 사람은 미래를 바라보며 현재를 살고 있는 것이다.

4. 자신의 꿈을 찾아 실천에 옮겨보자

퇴직 후 가장 시작하기 어려운 일은 많은 사람들이 추천하는 어린 시절의 꿈을 되살리고 포기했던 계획들을 실천에 옮기는 것이라고 한다. 용기를 내서 새로운 일을 시작하려고 하면, 주변 사람들은 나이 들어 일을 하다 실패해서 노후에 고생하지 말고, 현재에 만족하면 상처도 받지 않고 안락하게 노후를 살 수 있다며 일을 하지 말라고 유혹을 한다. 그렇지 않아도 나이 들어 처음으로 새롭게 일을 시작하려니 실패할지도 모른다는 두려움을 가지고 있는 데, 이런 유혹까지 있으니 자신의 꿈과 계획들을 실천에 옮기기가 여간 두렵지가 않을 것이다. 그러나 그 꿈을 포기하게 되면, 이제 그것은 자신의 인생에서 영원히 이룰 수 없는 헛된 꿈으로 끝나버린다는 것을 잊지 말아야 한다. 사람이 인생의 황혼기에 접어들어 자신의 인생을 되돌아보며 후회하는 것은 어떤 일을 해본 것에 대한 것보다는 해보지 못한 것에 대한 후회가 더 많다고 한다. 결혼처럼 해봐도 후회하고 해보지 않아도 후회한다면, 한 번 해보는 것이 나을 것이다. 그 결과는 후회가 될 수도 있지만 그렇지 않을 수도 있기 때문이다.

퇴직 후에는 다른 사람들의 말을 참고는 하되 너무 믿지 말고 자신의 꿈을 되찾아 실천에 옮겨보자. 지금까지 살아오면서 자신에게 어울리지 않는 남의 옷을 입고서 남의 눈치를 보면서 살아오지는 않았는지 자신을 되돌아 볼 필요가 있다. 이제는 가슴에서 느껴지는 대로 자신을 믿고 행동할 필요가 있다. 오랫동안 자신 속에 감추어왔던 꿈이 있다면, 그 꿈을 사람들에게 말하고 그것을 실행에 옮길 계획을 구체화 해보자. 그러면 두려움이 없어지고 기적이 일어날 수도 있다. 자신의 꿈을 이룬 사람들은 꿈을 이루고자 할 때 두려운 것은 새로운 것을 시작한다는 것보다 현재의 안락함을 잃을 수도 있다는 것 때문이라고 한다. 실패의 두려움 때문에 인생의 즐거움을 맛보지 못한 채 매일 똑같은 지루한 삶을 살수는 없지 않은가? 당신의 꿈을 찾았다면, 이제 당신이 꿈을 이루었을 때의 행복한 모습을 머릿속에 그려보자. 아주 흥분되고 기대될 것이다.

다음으로 그 꿈을 실현하기 위한 구체적인 목표를 세우고, 그 목표를 달성할 수 있는 세부 계획을 세워보자. 세분화된 구체적인 내용들의 실현가능성을 인터넷 정보검색을 통해 알아보고, 같은 꿈을 가진 사람들의 동호회에 가입하여 활동하면서 필요한 정보를 교환해보자. 이 과정이 바로 꿈을 현실로 이루어가는 첫 걸음이다. 이 과정에서 즐거움과 행복감을 느꼈다면, 그 일은 분명 자신이 좋아하는 일이고 일을 통해 행복을 찾을 수 있는 일일 것이다.

사람들이 자신만의 일을 해보고 싶다는 이야기를 많이 하지만, 구체적으로 무슨 일을 어떻게 할 것인가에 대해서는 망설여진다. 지금까지는 지금 하고 있는 일이 바쁘고 비교적 불만이 적었기 때문에 앞으로 자신만의 일을 구체적으로 어떻게 할 것인가에 대해서는 많이 생각을 해보지 않았을 것이다. 단지 직장에서 단체로 회식을 하기위해 갔던 장소 중에서 사람이 많은 곳이 있으면 나도 사표내고 이런 장사나 해볼까 하는 정도만 생각해보았을 것이다. 퇴직에 가까워오면 나이와 체면이 있으니 좀 고상하고 깨끗하며 힘을 덜 들이고 많은 돈을 벌 수 있는 그런 사업을 해보고 싶어 할 것이다. 세상에 그런 일은 없다. 그런 일이 있다면 당신까지 차례가 오지도 않을 것이다. 설령 그런 일이 있다고 해도 대부분의 사람들이 비슷한 생각을 하고 있기 때문에 그 업종은 곧 사업을 하려는 사람들로 포화상태에 빠져 더 이상 이익이 창출되지 않게 될 것이다. 최근에 베이비부머의 퇴직이 본격화되면서 커피전문점이 도시의 골목마다 수없이 많이 생겨났다. 커피 전문점이 고상하고 깨끗하며 힘을 덜 들이고 많은 돈을 벌 수 있는 그런 사업으로 부상했기 때문이다. 그런데 최근 커피전문점이 너무 많이 생겨 경쟁이 치열해지면서 커피가격을 낮추게 되었고 초기 투자비용 대비 수익률이 낮아지면서 폐업하는 업소가 늘어나고 있다고 한다. 젊어서 일을 할 때도 남들이 하는 일은 쉬워 보이고, 일은 별로 하지 않으면서 많은 돈을 버는 것처럼 보였을 것이다. 세상에서 쉬운 일이나 만만한 일을 해서 큰돈을 벌수는 없다. 그래도 자신이 오랫동안 해왔던 일이 자신에게 가장 잘 맞는 일이다.

퇴직 후 어떤 일을 하겠다는 마음의 결심이 서면 남들의 이야기를 듣는 것보다 자신의 결정으로 일을 시작하는 것이 중요하다. 남의 이야기를 듣고 일을 시작했다가 일이 잘 되어 성공하면 다행이지만, 일이 잘못되었을 때는 남의 탓을 해보았자 소용이 없기 때문이다. 일을 새롭게 시작할 때는 내가 잘못되면 나와 배우자의 노후생활이 비참해질 수도 있다는 절박한 심정으로 해야 한다. 일을 하다가 어려우면 그만두지 뭐 한다든가 지금의 일은 해도 그만 안 해도 그만이라는 생각이라면 처음부터 시작을 하지 않는 편이 낫다. 괜히 일을 시작했다가 스트레스만 엄청나게 받고 끝날 수 있기 때문이다.

자신에게 맞는 일거리를 찾기 위해서는, 먼저 자신을 객관적으로 평가하기 위해 전문가들이 개발한 도구들을 이용할 수도 있다. 내가 좋아하는 일은 무엇이고 어떤 일이 적성에 맞는지를 알 수 있도록 개발된 적성검사나 사람들이 자기 적성에 맞는 일을 찾아가도록 개발된 지표들을 이용할 수 있다.

다음으로 자신이 가장 잘 할 수 있는 일이 무엇인가를 찾아보는 것이다. 사업에 성공한 대부분의 사람들은 자신이 좋아하는 일을 해서 성공했다고 한다. 사업에서 성공한 사람들은 자신의 꿈을 붙잡으려 노력한 사람들이고, 성공하지 못한 사람들은 자신의 꿈보다는 현실적인 것을 붙잡으려고 노력한 사람들이라고 한다. 성공한 사람들은 대부분 자신이 하고자 하는 일이 자신의 능력과 재능을 활용할 수 있는 일인가, 자신이 좋아하는 일인가, 다른 사람을 기쁘게 하는 일인가를 판단기준으로 현재의 직업을 선택한 반면, 평범한 사람들은 금전적 조건, 장소 및 환경 같은 근무조건을 판단기준으로 직업을 선택했다고 한다. 그러다 보니 자신이 좋아하는 일을 시작한 사람은 하는 일이 좀 힘들더라고 자신이 좋아하는 일이니까 기꺼이 어려움을 참을 수 있었지만, 근무조건을 판단기준으로 한 사람들은 조건이 좋다는 것만 알았지 조건이 좋지 않을 때를 대비하지 않았기 때문에 쉽게 실망하고 사업적 어려움을 극복하지 못하였다고 한다. 퇴직 후 새로운 일을 선택하고자 할 때, 특히 관심을 가지고 분석해 보아야 할 것은 근무조건이 좋고 나쁜가가아니라 내가 좋아하는 일인가에 대한 것이다. 그러면 내가 좋아하는 일은 어떻게 알 수 있을까?

우선 어렸을 적 나의 꿈이 무엇이었는지를 생각해보자. 학창시절 학생기록부에 기록했던 자신의 장래 희망은 무엇이었는가?, 다른 사람들이 나의 꿈을 물어보면 나는 커서 이런 사람이 되겠다고 자주 사람들에게 이야기하였던 나의 꿈은 무엇이었는가?, 정신이 팔려서 밥을 굶으면서까지 재미있어 하다가 부모님으로부터 쓸데없는 짓 하지 말고 공부나 하라며 꾸중 들었던 그 쓸데없는 짓은 무엇이었는가? 어려서 주변사람들이나 선생님으로부터 잘한다고 칭찬을 받았던 일은 무엇이었는가? 등을 생각해보는 것이다. 그 후 성장을 하고 직장을 다니면서 정말로 해보고 싶었지만 경제적인 이유나 시간적인 여유가 없어 나중에 해보겠다고 미루어 두었던 일은 무엇인가? 평소 배우자 몰래 한번 저질러 볼까 하고 몇 일간을 고민하다가 결국 미루어 두었던 일은 무엇인가? 우연히 어떤 일에 몰두하였다가 행복감을 느꼈던 일이 무엇이었는지를 생각해보자. 그리고 자신이 오랫동안 취미생활로 해온 일이 있다면, 그것도 퇴직 후의 일로 고려해보자. 오랫동안 취미로 삼아온 일이 있다면 그것은 자신의 적성에 분명 잘 맞는 일일 것이다. 적성에 맞지 않았다면 벌써 그만두었겠지만, 지금까지 하고 있다면 분명 적성에 맞는 일일 수 있다. 자신이 좋아하는 취미를 제 2의 직업으로 삼는다면 일에 대한 열정이 크고 보람도 커서 일을 하다 어려움에 닥친다고 하더라고 잘 극복해 낼 수가 있을 것이다. 각 분야에서 성공한 사람들도 자기가 좋아하는 일을 직업으로 하였기 때문에 늦게 까지 일을 해도 피곤한 줄도 모르고 열심히 할 수 있었다고 한다. 내 주변에도 자신의 전공으로 석사과정까지 마친 친구가 자신의 전공과 관계없이 취미로 고등학교부터 써오던 붓글씨 솜씨를 바탕으로 서예학원을 차린 친구가 있는가 하면, 직장생활을 하면서 취미로 수석과 난 수집을 하던 친구가 퇴직 후 분재원을 차린 친구가 있다. 모두 자기가 좋아하는 일을 직업으로 선택하여 지금도 행복해하고 있다. 따라서 제 2의 직업으로 선택하는 일은 무엇보다 자신이 사랑하는 일이어야 한다. 자신이 좋아하고 자신의 재능을 발휘할 수 있는 일을 할 때, 일이 즐겁고 밤새워 일해도 피곤하지가 않다. 더 이상 남의 눈치를 보면서 남이 좋아할 것 같은, 혹은 남에게 멋있게 보일 것 같은 일을 하지마라. 논어에도 천재는 노력하는 자를 따르지 못하고, 노력하는 자는 즐기는 자를 따르지 못한다고 하지 않았는가? 노후에는 자신이 즐길 수 있고 행복할 수 있는 일을 찾아야 한다.

한 신문에 나이 들어서도 경제활동과 동시에 취미생활을 하면서 노후의 인생을 즐겁게 살고 있는 한 사람에 대한 이야기가 실린 적이 있다. 한국외국어대학교 앞에서 옷 수선집을 하는 S(61)씨는 13년 전 남편의 사업이 어려워지자 전업주부였던 자신의 바느질 솜씨를 살려 가계를 시작했다고 한다. 아침에 가계로 출근할 때는 매일 20km를 헬멧을 쓰고 몸에 붙는 바지를 입고 산악자전거(MTB)로 출퇴근한다고 한다. 지금은 산악자전거 마니아가 되어 보름에 한번 씩 산을 오르고 블로그를 통해 자전거를 좋아하는 젊은이들을 모아 함께 자신이 짠 코스를 따라 여행을 떠나기도 한다고 한다. S씨의 경우는 자신이 잘하는 일을 바탕으로 사업을 시작하면서 경제활동은 물론 취미생활도 가능해졌다. 출퇴근 수단이 취미생활이 되면서 건강도 유지하고 젊은이들과 소통도 할 수 있어 젊게 인생을 사는 경우이다.

다음으로 퇴직 전 직장에서 오랫동안 쌓아온 경험과 습득한 지식과 기술을 활용하여 자신의 일을 시작해 보는 것이다. 직장에서의 경험은 오랫동안 자신을 단련시켜온 능력으로 비교적 자신이 잘하고 있는 분야이다. 이런 경험을 직장을 위해서가 아니라 자기 자신을 위해 발휘할 수 있다면 직장에서보다 더 잘 할 수 있을 것이다. 직장생활을 하면서 자기가 그동안 쌓아온 인맥도 사업에 매우 중요하게 활용할 수 있다. 우리사회의 많은 분야에서 지연, 혈연, 학연 등의 인맥이 없어져야 한다고는 하지만, 아직도 사업하는 사람들에게 이들은 매우 중요하다. 그래서 사람을 인적자본이라고도 한다. 사업을 하는데 있어 돈 못지않게 중요한 것이 인맥이다. 자신이 사회생활을 하면서 구축해온 인맥이 탄탄하다면, 인맥을 활용한 사업이 자신에게 가장 적합한 사업일 수도 있다.

일을 사업화 할 때는 하고자 하는 일이 무엇이냐 하는 것도 중요하지만, 일이 자신의 적성이나 성격과 잘 맞는 일인지도 고려해 보아야 한다. 아무리 수익을 많이 내는 사업이라 할지라도 자신의 적성이나 성격과 맞지 않으면 일을 하면서도 행복감이나 보람을 찾을 수가 없다. 그리고 자신이 하는 일이 사회에 이로운 것인지도 따져보아야 한다. 퇴직 후 새롭게 시작하는 일이 사회에 해가 되는 일이라면 지금까지 살아온 자신의 인생에 오점을 남길 수가 있다. 자신이 하고자 하는 일이 사회에 이롭고 자신의 적성과 잘 맞는 일이라면, 자신의 잠재력을 충분히 활용할 수 있고 성공 가능성도 높을 것이다. 최근에 신학대학교에서 강의를 해보면, 나이 들어서 신학공부를 하는 사람들이 많아졌다. 그들은 직장을 다니거나 사업을 하면서 가치 있는 삶을 위한 제 2의 커리어로 성직자를 선택하고, 목회자로서 봉사활동을 하기 위해 신학공부를 한다. 실제로 주변에서 유명 가수가 신학공부를 하고 목사가 되어 자신의 전공인 노래로 가스펠송을 부르면서 목회활동을 하고 있는 것을 많이 보았을 것이다. 이들은 제 2의 직업을 위해 오래 전부터 준비를 해오다가 일정 연령이 되면서 자신이 잘 할 수 있는 제 2의 직업으로 자연스럽게 넘어간 경우이다.

나에게도 자신의 적성을 잘 살려 성공한 친구와 그렇지 못한 후배가 있다. 성공한 친구는 대학교 다닐 때도 다른 사람들 앞에 나서기를 좋아했고 재미있는 이야기를 잘해서 주변에 항상 친구들이 많았다. 그 친구는 학교를 졸업하고 제약회사 영업사원으로 취업을 하였다. 학교 다닐 때도 그 친구가 사람들 앞에서 이야기를 하고 있으면 다른 친구들이 약장수 또 약 팔고 있다고 농담을 했었는데 농담이 현실화 된 것이다. 그 친구는 약을 팔기 위해 새로운 약사들을 만날 때마다 당신도 나의 친구가 될 것이라는 자신감이 생겼다고 한다. 언젠가부터 자신을 만난 약사들은 자기가 재미있다고 바쁘지 않으면 더 있다가 가라고 할 정도가 되었다고 한다. 그 친구는 입사한지 1년 만에 자신의 영업지역에서 판매 왕이 되었고, 입사한지 3년이 지나서는 국내 대기업 전자제품회사의 영업사원으로 자리를 옮겨 영업점을 관리하다가, 그의 능력을 인정받아 지점장을 거쳐 상무까지 승진했다가 퇴직을 하였다. 퇴직 후에도 그의 친화력과 능력을 아깝게 생각한 대

그룹 금융회사가 그를 스카웃하여 현재 금융회사의 임원으로 다시 근무하고 있다.

한 후배는 대학교 때 여자 친구를 만나 연애를 하다가 아이를 임신하게 되어 대학교 4학년 때 결혼을 할 수 밖에 없었다. 결혼을 했으니 졸업과 동시에 취업을 해야 해서 당시 취업이 비교적 잘되었던 제약회사 영업사원으로 취업을 하게 되었다. 그런데 어느 날 이 친구가 오전에 술에 취해 얼굴이 붉어진 상태로 나를 찾아와 이야기 좀 하자고 했다. 자기는 내성적인 성격이어서 남들 앞에 나서서 이야기하는 것이 서툴러서 영업직이 자신의 적성과 맞지 않았지만, 가정생활을 위해 어쩔 수 없이 영업사원의 길을 선택할 수밖에 없었다고 한다. 처음에는 열심히 영업을 해보기 위해 노력했지만, 약사들은 매일 찾아오는 수십 명의 제약회사 직원들을 대하다 보니 언제부터인가 자신의 말을 듣는 둥 마는 둥하여 마음의 상처를 많이 받았다고 했다. 자신이 영업직이다 보니 회사에서 정해지는 매월 판매 목표량이 있는데, 한 달 목표량을 채우고 나면 바로 다음 달 목표량이 걱정되는 생활이 계속되었다고 한다. 집에 아내와 아이가 자신만을 바라보고 있으니 자신만 생각하고 일이 적성에 맞지 않는다고 그만 둘 수도 없고 일을 하는 동안 스트레스가 엄청났다고 하였다. 언젠가부터 오전에는 영업을 나서지 않고 다방으로 가서 아가씨들과 커피를 마시며 놀다가 오후에 약국을 몇 군데 돌다가 사무실로 들어가기를 반복하였다고 한다. 그러니 영업실적이 좋을 리 없어 회사는 자신을 질책하고 자신은 하루하루 지옥 같은 생활을 계속하고 있다며 다른 일을 해보고 싶다고 하였다. 마침내가 아는 사람이 컴퓨터 관련 사업을 하고 있었는데 사람이 필요하다고 해서 소개해줬더니, 그 곳에 취직하여 잘 적응하고 나중에는 그곳에서 배운 컴퓨터기술을 바탕으로 컴퓨터 학원을 내서 지금은 아주 잘 지내고 있다. 이처럼 취업이 쉽다고 자신의 적성에 맞지 않는 일을 시작했다가는 엄청난 스트레스에 시달릴 수도 있다.

다음으로 지금 하려고 하는 일이 시대적 요구에 적합하고 장래성이 있는지도 알아보아야 한다. 일이 시대에 적합하지 않으면 아무리 자신에게 맞는 일이라 할지라도 앞으로 발전 가능성이 없다. 사람들이 좋아하지 않으면 돈벌이가 되지 않는다는 말이다. 늦은 나이에 일을 하면서 명목이 아무리 좋다고 해도 시장성을 무시하고는 일을 계속 할 수가 없다. 일의 시장성을 조사하기 위해서는 자신이 발로 뛰면서 조사하고 분석하여야 한다. 남의 이야기만 듣고 일을 벌였다가는 낭패를 당할 수 있다. 일이 잘못되었다고 해서 일을 추천해 준 사람에게 책임을 떠 넘겨야 무슨 소용이 있겠는가? 모든 일은 자신의 결정과 책임 하에 이루어져야 한다.

이제 위의 사항들을 고려하여 하고 싶은 일들의 목록을 만들고, 이들 중 사업화해보고 싶고 사업화하면 보람 있고 수익도 낼 수 있을 것 같은 일들을 골라야 한다. 그렇지만 남들에게 좋아 보이고 고상해 보이는 일을 고르지는 마라. 고상해 보이는 일도 잘 될 때는 고상해 보이지만 잘 되지 않을 때는 천덕꾸러기가 될 수도 있다. 일이 잘못되었을 때 책임을 져야 하는 것은 자신이다. 자신에게 맞는 일이라고 생각되면 남에게 어떻게 보이든 남을 의식할 필요가 없다. 지금까지 세상을 살아오면서 남의 눈을 의식해서 원하지 않던 일을 하였다가 후회한 적이 적지 않게 있을 것이다. 이제는 남을 의식하거나 분위기에 휩쓸리지 말고, 보람도 있고 행복할 것 같은 일을 골라서 해야 한다.

그리고 내가 고른 것이 퇴직 후의 일거리로 실현 가능한 것인지도 따져보아야 한다. 퇴직 후의 일은 큰 힘을 들이지 않고 가능하면 남의 도움 없이 할 수 있고, 큰 금전적 부담 없이 할 수 있는 일이어야 한다. 주변에서 아는 사람과 동업을 하다 잘못되었다는 사람들을 많이 보았을 것이다. 퇴직 후 빚을 내서 일을 하다 잘못되면 집을 날리고 노후생활이 비참해질 수도 있다. 가능하면 자신의 경제적 능력 안에서 할 수 있는 일을 찾아야 한다. 사업을 할 때는 창업자금 뿐만 아니라 이익이 나올 때까지 얼마간의 운영자금이 필요하다는 것도 알고 있어야 한다. 퇴직 후에 새로운 일을 하면서 자신이 가진 모든 것을 투자하여 사업을 하는 무모한 모험을 절대 해서는 안된다. 퇴직 후의 일은 전적으로 일을 하면서 보람과 행복을 느낄 수 있고 수익도 더불어 얻을 수 있는 것이어야 한다.

그렇다고 퇴직 후의 일이 꼭 창업을 해야만 되는 것은 아니다. 요즘에는 환경에 대한 사람들의 관심이 커지면서 환경보호 및 감시활동을 하는 사람들이 많이 늘었다. 주변의 생태하천이나 공원에서 자연생태계를 관찰하고 보호하는 활동을 하는 것도 보람 있는 일이다. 각 지역마다 민간 밀엽감시단, 야생동물보호소, 유기견 보호소 등 다양한 공익적인 일들을 하는 사람들도 많이 있다. 공공기관, 공공도서관, 방과 후 학교 등 공공부문과 비영리부문의 행정업무에서도 풍부한 경험을 가진 인재들이 자원봉사를 많이 하고 있다. 이런 곳에서 일을 하면, 삶의 보람도 찾을 수 있고 약간의 수입도 올릴 수 있다. 사회에 이로운 일들을 하는 것은 자신뿐만 아니라 사회를 건강하고 아름답게 만드는데 기여하는 것이다.

제 2의 직업으로 하고자 하는 일이 결정되었다면, 본격적으로 시작하기 전에 예행연습을 해보아야 한다. 자신이 평생을 해온 일이 아니라 새로운 일을 하려는 사람들은 미지의 세계에 다른 사람들의 이야기만 믿고 무조건 뛰어들 것이 아니라 사전에 예행연습을 해보아야 한다. 평생을 노래만 해온 가수들도 큰 공연을 하기 전에는 사전 리허설이라는 것을 한다. 하물며 평생을 해온 일과 전혀 다른 일을 시작하는 사람들이 예행연습이 없이 바로 시작을 해서야 되겠는가? 남의 이야기를 듣거나 겉으로 보기에는 대박일 것 같지만, 막상 자신이 그 일을 해보면 기대와 다를 수 있기 때문이다. 자신이 하고자 하는 일을 관련분야의 교육기관에서 교육을 받으면서 실습을 해볼 수 도 있고, 하고자 하는 일이 성업 중인 곳에 가서 아르바이트로 일을 해 볼 수도 있다. 자기가 하고자 하는 일을 단기간이지만 직접 사전에 해보는 것이다. 실습을 하면서 일이 적성에 맞는지를 알아보고, 그 일을 할 때의 만족감과 행복감을 사전에 느껴보는 것이다. 단기간 이지만 자신이 하고 싶은 일을 하면서 행복감을 느꼈다면, 이제 본격적으로 자신의 일을 시작해도 좋을 것이다.

5. 삶의 질을 높여라

퇴직 후에는 돈이 많아야 행복한 것이 아니라, 비록 물질적으로는 풍족하지 않더라도 건강하게 자신이 하고 싶은 일을 하면서 가끔씩 친구들을 만나 이야기를 나눌 수 있으면 행복한 것이다. 젊어서 대부분의 사람들은 가족이나 친구가 재미있거나 의미있는 일들을 해보자고 하면 지금은 바쁘니 나중에 덜 바쁠 때 하자고 뒤로 미루어 둔다. 퇴직 후 지금이 당신이 미루어 두었던 의미 있고 재미있는 새로운 일을 시작할 때이다. 퇴직 후 삶이 너무 허무하다고 느껴질 때, 삶의 질을 향상시키기 위해 사람들이 가장 많이 추천하는 것이 취미생활, 자원봉사, 그리고 새로운 것 배우기 등이다. 이것들이 인간의 삶의 질 향상에 어떻게 기여할 수 있는지를 알아보자.

1) 취미생활하고 친구사귀기

좋은 친구란 돈이 많거나 사회적 지위가 높을 때 자신의 주변에 몰려있는 친구가 아니라 자신이 위기에 처했을 때 도와줄 수 있는 친구라고 한다. 돈이 있을 때 같이 놀던 친구는 돈이 없다는 것을 알면 자신의 곁을 떠날 것이며, 사회적 지위가 높을 때 같이 있었던 친구는 사회적 지위를 잃으면 자신의 곁을 떠난다고 한다. 그래서 좋은 친구란 나이, 돈, 지위에 상관없이 우정으로 맺어져서 신분이 변화돼도 변함이 없는 친구를 말한다. 남자들은 대부분 학교를 다니며 친구를 사귀거나 직업과 관련하여 일을 하면서 친구를 사귀게 된다. 학교에서 만난 친구는 졸업을 하면서 멀어지게 되고, 직업과 관련해 일을 하면서 만난 친구는 일을 그만두면서 멀어지게 된다. 그러나 좋아하는 것들을 같이 하면서 만난 친구는 연령과 상관없이 누구나 좋은 친구가 될 수 있고 좋아하는 일을 계속하는 한 계속 같이 할 수 있다. 그런 좋은 친구가 있어야 퇴직 후에도 고립되지 않고 그들과 사회적 관계를 계속 유지할 수 있다. 퇴직 후에는 일과 관련하여 만났던 친구들이 모두 멀어지기 때문에 평생을 같이 할 좋은 친구들을 만들기 위해 노력을 하여야 한다. 친구를 만드는 데 있어서도 남자와 여자는 차이가 있다고 한다. 남자는 학교 동창을 제외하고 대부분의 친구들을 일과 관련하여 만난다고 한다. 일과 관련하여 만난 친구들은 자신의 사회적 지위가 변하면 변하고, 일을 그만두면 대부분 멀어진다. 남자는 동네사람 또는 이웃집 남자를 친구로 사귀는데 익숙하지 않다. 퇴직을 하면 남자가 혼자가 되는 이유이기도 하다. 여자는 인간관계에 관심이 많아서 일과 관계없는 이웃집 사람과도 쉽게 친해질 수 있다. 남자들이 퇴직 후 좋은 친구를 사귀기 위해 가장 좋은 방법은 같은 취미를 가졌거나 남들에게 이로운 일을 하려는 사람들이 모인 단체에 가입하여 그들과 같이 활동을 해보는 것이다. 좋은 일을 하는 사람들은 분명히 좋은 친구가 될 수 있기 때문이다.

한국 사람은 누가 당신의 취미가 무엇이냐고 물으면 망설이며 당황해 한다. 지금까지 마땅히 취미라고 할 만한 것을 가져본 적이 별로 없기 때문이다. 학교나 직장에 처음 들어가서 작성하는 인사기록카드의 취미 난에는 거의 모범 답안처럼 독서, 영화감상, 여행, 등산 등으로 적었을 것이다. 이것들을 자신의 취미라고 하는 이유는 특별히 생각해 볼 필요도 없이 그렇게 쓰는 것을 많이 보아왔고 그것들 중 특별히 좋아하는 것도 없지만 싫어하거나 해보지 않은 것도 없기 때문이다. 많은 퇴직자들이 자신만의 특별한 취미를 갖지 못한 주요 이유는 지금까지 살아오면서 생활에 바쁘다 보니 특별히 취미생활을 할 시간적, 경제적인 여유가 없었기 때문이다. 1970~80년대 경제개발과정에서 노동자들은 야근은 물론 공휴일의 특근까지 일반화되었기 때문에 취미생활을 할 시간적 여유가 거의 없었다. 퇴직 전에는 시간적 여유가 생겼지만 집을 마련하고 아이들 교육을 시키는데 대부분의 돈을 지출하다보니 막상 자기 자신을 위해 투자할 경제적 여력이 없었다. 그리고 배우자와 아이들 몰래 자기 혼자만 취미생활을 하겠다는 용기도 없었다. 취미생활에 대한 이야기가 나오면, 대부분의 사람들은 나중에 퇴직하고 나서 시간적 여유가 생기면 그때 하겠다고 다음으로 미루어 왔을 것이다.

그런데 취미생활은 하고 싶은 마음이 생기면 퇴직 때까지 기다리지 말고 당장 시작해야 한다. 취미는 어느 날 갑자기 무엇을 취미로 하겠다고 해서 하루아침에 할 수 있는 것이 아니라 오랫동안 꾸준한 관심과 경험을 통해 발전시켜야 하는 것이기 때문이다. 세계여행이 자신의 취미라면 지금부터 여행을 떠날 준비를 해야 한다. 예전에 퇴직을 하고 자전거로 세계여행을 하고 있는 50대 중년남자의 이야기가 신문에 실린 적이 있다. 그는 경상도 어느 조그만 시골에서 태어나 고등학교가 있는 읍내까지 거리가 멀어서 매일 자전거를 타고 학교를 다녔다고 한다. 어느 날 문득 자전거를 타고 학교가 아닌 세계 각국으로 여행을 떠났으면 좋겠다는 생각이 들더라는 것이다. 그날부터 자전거 타고 세계 곳곳을 여행하는 것이 그 사람의 꿈이 되었고, 학교를 졸업하고 건설회사에 입사하여 회사를 다니는 중에도 자신의 꿈을 실현하기 위해 차분히 관련 자료와 장비를 준비하였다고 한다. 결혼을 하고 아이들이 생긴 후에도 가족에게 자신의 꿈에 대한 이야기를 들려주며, 일정 나이가 되면 자전거로 세계여행을 떠나겠다고 이야기를 자주 했다고 한다. 부인과 아이들에게 아빠는 일정 연령이 되면 회사를 퇴직하고 평생의 꿈을 실현하기 위해 자전거를 타고 세계여행을 떠날 것이니 미리 준비를 하도록 했다는 것이다. 그가 50살이 되던 어느 날, 가족과 동료들의 만류에도 불구하고 자전거를 타고 세계여행을 떠나기 위해 회사에 사표를 냈다고 한다. 회사의 동료들과 주변사람들은 회사에서 상무로 잘 나가던 사람이 갑자기 자전거로 세계여행을 떠나겠다고 사표를 내니 제 정신이 아닌 것 같다고 했다는 것이다. 그가 잘나가던 50살에 자전거 여행을 위해 퇴직을 하게 된 것은 그때가 아니면 그의 꿈을 이룰 수 없다고 생각했기 때문이라고 한다. 실제로 그가 50살이 아닌 퇴직 후인 60살이라면 과연 자전거를 타고 세계여행을 떠날 수 있었을까? 아마 그때쯤이면 의지도 약해지겠지만 체력적으로도 어려움이 있을 것이다. 이 사람 외에도 직장을 휴직하거나 퇴직을 하고 집을 팔아 전 가족이 세계여행을 떠났다가 돌아왔다는 신문기사들을 본 적이 여러 번 있을 것이다. 한편으로는 무모한 도전이라고 생각하면서도, 그 사람들의 용기가 부럽지 아니한가?

그러면 어떤 취미가 좋을까? 아마도 자신이 취미생활을 하면서 행복감을 느끼고 가족에게 불편을 주지 않는 취미가 자신에게 잘 맞는 취미일 것이다. 자신의 능력에 비해 취미가 너무 쉽거나 어려워도 지루하거나 스트레스를 받을 수 있다. 퇴직 후 악기 하나는 다루어야 한다며 취미로 기타를 배우던 한 친구가 있었다. 나이 들어 코드를 외우고 악보를 보면서 기타를 친다는 것이 여간 어려운 일이 아니다. 처음에는 재미있어 하다가 점차 코드가 어려워지면서 즐거워야 할 레슨시간이 엄청난 스트레스로 다가 오면서 3개월 만에 기타배우기를 그만두었다. 이처럼 아무리 좋은 취미라 할지라도 자신의 능력에 맞지 않으면 취미생활 자체가 오히려 스트레스가 될 수도 있다. 경제적으로 부담이 되는 취미도 마음 편하게 즐길 수 있는 취미가 아니다. 나이 들어서 하는 취미생활은 돈이 적게 들면서 다른 사람에게 피해를 주지 않고 친환경적이어야 한다. 가능하면 여러 사람들과 함께 즐길 수 있는 취미를 정규적으로 하는 것이 좋다. 노후 취미로 많은 사람들이 현재 하고 있거나 앞으로 했으면 하는 것에 골프라는 것이 있다. 나이 들어서도 경제적 어려움 없이 골프를 치는 사람들도 많이 있다. 친구들과 넓은 초원을 같이 걸으면서 이야기도 하고 운동도 할 수 있어 좋은 취미이기는 하지만, 필드에 나갈 때 마다 만만치 않은 비용이 든다는 것과 팀을 이루어야만 할 수 있다는 문제점이 있다. 취미생활을 하고자 할 때는 자신의 경제력과 취미활동을 같이 할 수 있는 친구가 얼마나 되는지도 고려해야 한다.

퇴직 후 사회로부터 고립되어 혼자 있다 보면 고립감과 우울감을 느낄 수가 있는데, 다른 사람들과 취미생활을 같이 하다보면 즐거움을 느낄 수 있고 삶에 활기를 찾을 수도 있다. 자신이 좋아하는 일에 몰두하다보면 퇴직 후 나타났던 우울감이나 과거의 불쾌했던 기억들을 빨리 잊을 수가 있다. 이런 의미에서 퇴직자들 중 마음 맞는 사람들 몇 명이 모여서 비교적 경제적인 등산, 독서, 여행, 고적답사, 봉사활동, 사진촬영, 종교활동, 자전거타기 등의 활동을 하는 것도 바람직하다. 그런데 여러 사람들이 어울려 취미활동을 하는 것도 좋지만, 일본의 스즈키 겐지같은 사람은 취미생활을 하되 나이 들어서는 혼자 할 수 있는 것이 바람직하다고 주장하는 사람도 있다. 다른 사람과 같이 하는 취미의 경우 퇴직자는 예전 같이 다른 사람들의 관심을 받지 못해 취미생활을 하면서 소외감을 느낄 수도 있기 때문이라고 한다. 그렇지만 퇴직 후의 취미활동은 젊어서와 달리 비슷한 연령의 사람들이 즐거움을 얻기 위해 함께 하는 것이기 때문에 자신의 노력으로 그러한 문제는 충분히 극복할 수 있을 것이다.

퇴직 후에는 배우자의 손을 잡고 함께 취미생활을 즐기겠다는 사람들이 많지만, 이것도 약간의 문제가 있는 것 같다. 일본의 오가와 유리는 배우자와 같은 취미활동을 하다보면 부부갈등의 원인이 될 수도 있기 때문에 서로 다른 취미를 가지는 것이 바람직하다고 충고한다. 퇴직 후 배우자와 같이 춤을 배운다고 하자. 서로 간에 실력 차이가 나면 서로 도와줄 수도 있지만 한쪽이 다른 쪽을 비난할 수도 있다. 배우자로부터 자동차 운전을 처음 배우면서 배우자와 갈등을 경험한 사람들은 이것을 이해할 것이다. 배우자의 자존심에 상처를 주는 말 한마디는 남보다 더 서운할 수도 있다. 배우자가 춤을 배우면서 파트너가 바뀌고 자신보다 더 젊은 사람과 파트너가 되었다면 아마 눈빛이 달라질 수도 있을 것이다. 같은 취미를 가지려면 배우자를 절대 비난하지 않고 배우자가 어떤 파트너를 만나더라도 이해할 수 있는 넓은 이해심을 가질 때 가능하다. 부부가 서로 다른 취미를 가지고 있을 때에도 배우자를 완전히 믿을 때 취미생활이 부부갈등을 가져오지 않는다. 자신이 배우자로부터 자유로워지기 위해서라도 배우자의 취미활동을 적극 권장해야 한다. 퇴직 후 하루 종일 집에만 있는 배우자를 사회 속에서 다른 사람들과 어울리도록 만들기 위해서라도 배우자의 취미활동을 적극 권장해야 한다.

취미활동을 하다가 취미를 전문화하고 사업화 할 수 있다면 일석이조가 될 것이다. 실제로 붓글씨 쓰는 것을 좋아하던 사람이 나중에 서예학원을 차린다거나 사진찍기를 좋아하던 사람이 퇴직 후 스튜디오를 차리고 전문적인 사진작가로 나서는 경우도 있다. 내가 알고 있는 한 후배도 사진 찍는 것을 취미로 하다가 요즘에는 주말에 결혼식 사진을 찍어주거나 아이들 백일이나 돌 사진을 찍어주는 파트타임 아르바이트를 하여 용돈을 제법 쏠쏠하게 벌어 쓰고 있다.

2) 자원봉사하기

퇴직을 하면 처음에는 일할 때의 긴장감, 스트레스, 바쁜 일상이 사라지고 자유시간이 주어지면서 여유롭게 자유를 즐기지만, 며칠이 지나고 나면 할 일이 없다는 허탈감과 미래에 대한 불안감, 인생의 사양길에 들어섰다는 자괴감에 점차 빠져들게 된다. 이런 감정으로부터 자신을 구할 수 있게 해주는 것이 자원봉사활동이다. 자원봉사를 하는 사람들은 나눔을 통해 자신이 혼자가 아니라 사회의 일원이라는 유대감을 갖게 되고, 자신이 남들에게 아직도 나누어 줄 것이 있다는 것을 알고 삶의 보람을 느끼게 된다. 자원봉사를 시작하면 아침부터 서둘러서 가야 할 데가 생긴다. 퇴직 후 할 일이 없으면 불규칙한 생활을 하게 되어 건강을 잃기 쉬운데 자원봉사활동을 하면 하루를 규칙적으로 시작하게 되고 건강까지 지킬 수가 있다. 자원봉사 과정에서 사람들을 만나다보면 자연스럽게 사회관계가 형성되고 일에 몰두하다보면 퇴직 후 갖기 쉬운 우울증, 소외감과 고립감 같은 것을 극복할 수 있다. 봉사활동을 끝내고 집으로 돌아올 때는 행복감까지 얻어 돌아올 수 있으니 얼마나 좋은가? 우리가 행복감을 느끼는 것은 맛있는 것을 먹거나 예쁜 것을 볼 때, 좋은 소리를 들을 때도 느끼지만 의미 있는 활동을 마치고 현장을 나올 때도 행복감을 느낄 수 있다.

자원봉사는 새로운 만남의 기회를 제공해 준다. 자원봉사과정에서 자신과 비슷한 봉사자는 물론, 기관운영자, 봉사대상자와의 만남을 통해 인간관계를 형성할 수 있다. 그리고 다양한 사람들과의 만남을 통해 퇴직 후 단절되었던 신문과 TV에서 제공하는 것 외의 세상에 대한 새로운 정보를 사람들을 통해 다시 접할 수가 있다. 때로는 그들의 소개로 새로운 직업기회와 사업기회를 얻을 수도 있다.

자원봉사는 삶을 보람되게 한다. 매일 집에서 할 일 없이 소비적인 여가시간을 가지기보다는 일생동안 축적해온 자신의 사회적 경험과 노동력을 필요로 하는 사람들에게 나누어 주다보면 삶의 보람을 찾을 수가 있다. 대부분의 사람들은 처음 자원봉사를 시작할 때는 남을 돕는 마음으로 시작하지만, 봉사를 마치고 돌아올 때는 자신이 준 것보다 더 큰 보람을 얻어서 돌아온다고 한다. 자신이 남으로부터 도움을 받기보다 남에게 나누어줄 수 있는 무엇인가를 가지고 있다는 것을 알게 되면서 커다란 행복감도 느끼게 된다.

예전에 중증 장애인 시설에 매주 주말마다 자원봉사를 다닌 적이 있다. 처음 장애인 시설을 찾았을 때는 그들을 돕겠다는 마음이었지만, 자원봉사를 마치고 돌아올 때면 언제나 나에게 건강한 몸을 물려주신 부모님께 무한히 감사함을 느꼈던 적이 있다. 나의 아이들에게 공부 열심히 안한다고 꾸짖은 것이 얼마나 부질없는 일인지 새삼 느끼게 되었고, 건강하게 자라 준 나의 아이들에게 감사하는 마음을 가질 수 있었다. 당시 장애인 복지시설에 봉사를 나가며 알게 된 장애인들에게 자신의 꿈을 물어보면 그들은 나름대로 아주 소박한 꿈을 하나씩 가지고 있었다. 허리가 불편해 누워서 평생을 보내야 하는 사람들은 앉아서 세상을 보는 것이 꿈이었고, 두 팔이 불편하여 봉사자의 도움 없이는 이동이 불편한 사람들은 혼자 휠체어를 조작할 수 있었으면 하는 것이 꿈이었다. 휠체어를 타는 사람들은 자신이 목발을 짚고 일어설 수 있어 문지방 밖으로 혼자 나갈 수 있었으면 하는 것이 꿈이었다. 이들의 꿈이나 소망은 아주 크고 먼 곳에 있는 것이 아니라 바로 자신이 가지고 있는 하나의 장애를 넘는 것이었다. 이들을 보면서 사소한 불편에도 불만을 터뜨렸던 내가 부끄러웠고, 현재의 내가 얼마나 행복한가를 새삼 느끼게 되었었다.

2010년 8월 미국의 억만장자 사업가 워런 버핏과 빌게이츠가 이끄는 자선사업운동인 기부약속은 미국 갑부 40명이 재산의 절반 이상을 기부한다고 발표했다. 이런 발표를 보면서 자선행위는 부자들의 전유물이라고 생각하기 쉽지만, 미국 캘리포니아대학교 심리학자 폴 파프 교수는 실험을 통해 사회적 지위와 타인에 대한 배려는 반비례해서 사회적 신분이 낮을수록 남에게 더 많이 베푸는 경향이 있다는 것을 밝혀냈다. 자신이 부자든 그렇지 않든 누구나 마음만 먹으면 남을 도울 수 있고, 남을 도움으로써 행복감을 맛볼 수 있다.

자원봉사를 생활화하고 있는 사람들은 숟가락 들 힘만 있어도 남을 도와주도록 해야 한다고 한다. 우리나라의 노인복지시설에서 자원봉사를 하다보면, 식사 때에는 움직임에 불편함이 없는 노인이나 움직임이 불편한 노인이나 모두가 자리에 앉아서 시설 직원이나 자원봉사 나온 사람들이 음식을 날라다주기를 기다리고 있는 모습을 많이 볼 수 있다. 그러나 오랫동안 자원봉사활동에 참여해온 외국의 노인들은 자신이 타인을 위해 할 수 있는 일을 찾아서 능력에 맞게 활동하는 모습을 볼 수가 있다. 비교적 걷는데 불편함이 적은 노인들은 배식구에 가서 급식을 타다가 활동이 불편한 노인들에게 가져다 드린다. 활동이 불편한 노인들은 앉아서 손을 이용해 스푼과 포크를 식탁에 세팅한다. 혼자 식사가 불편한 노인이 있으면 다른 노인이 옆에서 식사를 도와준다. 노인들이 젊은이들의 도움을 기다리지 않고 서로 돕게 되면서 자원봉사 나온 젊은이들은 자신들의 도움을 필요로 하는 더 많은 사람들에게 도움을 줄 수가 있다.

퇴직자는 사회의 어른으로서 사회에서 직업 활동을 통해 터득한 지식과 기술을 사회에 되돌려 주어야 할 사명을 가지고 있다. 자원봉사는 특별한 사람만이 하는 것이 아니라 사회 구성원이라면 누구나 해야 한다. 자원봉사를 하기 위해서는 처음에 많은 용기와 자원봉사 능력이 요구된다. 자원봉사 능력으로 자신이 가진 취미를 활용하여 자원봉사를 할 수도 있다. 노래를 잘 하는 사람은 노래봉사를, 악기를 잘 다루는 사람은 악기봉사를, 그림을 잘 그리는 사람은 그림봉사를, 사진을 잘 찍는 사람은 영정사진을, 건강한 몸을 가진 사람은 노력봉사를 할 수 있고, 운전경험이 있는 사람은 운전봉사를 할 수 있다. 특별한 재능을 가지고 있지 않은 사람은 자신의 삶의 경험과 경력을 이용하여 인생 상담사 역할을 할 수도 있다. 자신이 자원봉사를 하겠다는 의지만 있으면, 어떤 봉사를 할 것인가는 자신의 경력, 할 수 있는 일, 하고 싶은 일을 참고하여 결정하기만 하면 된다. 자신이 가진 재능을 다른 사람들에게 나누어 주어 사회를 아름답게 만드는 사람이야말로 인생을 의미 있고 보람되게 사는 사람들이라고 할 수 있다.

3) 새로운 것을 배워보자

현대판 문맹자는 글자를 모르는 사람이 아니라 새로운 것을 배우려 하지 않고 새로운 변화를 수용하려고 하지 않는 사람이라고 한다. 새로운 것을 배우지 않으면 새로운 사람들과 만날 수가 없고 언제까지나 과거의 망령들과 살 수밖에 없다. 반대로 새로운 것을 배우다보면 희망이 생기고 새로운 인간관계를 형성할 수 있다. 오랫동안 고착화 되어온 자신을 변화시키고 현대의 생활에 잘 적응하려면 새로운 것들을 배우고 익혀야 한다. 내가 이 나이에 배워서 무엇해 라고 하는 사람은 앞으로 발전 가능성이 없으며 젊은 사람들과도 점차 멀어지게 된다. 컴퓨터가 배우기 힘들다고 배우지 않으면 정보통신시대에 주어지는 문화적 혜택을 제대로 누릴 수가 없다. 특별히 전화할 데가 많지 않다고 옛날 휴대폰만 고집하고 스마트폰으로 갈아타지 않으면 남들보다 세상의 정보에서 뒤질 수밖에 없다. 본인이 이 나이에 라고 하는 그때가 사실은 자신의 앞으로 남은 인생에서 가장 젊은 날이다. 우리사회에는 급변하는 사회에 잘 적응하고 자신을 새롭게 변화시키기 위해 나이 들어 많은 사람들이 곳곳에서 배움의 문을 두드리고 있다.

가수 이문세 씨의 장인인 이상만(86) 서울대 지질학과 명예교수는 65세 퇴임 후 죽을 각오로 노력하여 시인과 수필가로 등단하였고, 동양화가와 서예가로도 인정을 받고 있다고 한다. 그는 80세 정도에 중국의 장가계를 여행하고 돌아온 뒤 중국의 자연에 매료되어 가이드 없이 자유롭게 중국여행을 하고 싶어 중국어를 배우고 혼자 중국여행을 하였다고한다.

오래 전에 야간대학에 강의를 하기위해 강의실에 들어갔는데, 70세는 족히 넘어 보이는 어르신 한분이 강의실에 앉아있었다. 처음에는 어느 교수님이 학생을 찾으러 오신 줄 알았다. 쉬는 시간에 그분이 다가와서는 자신은 입학시험을 치르고 대학에 새로 들어온 신입생이라고 하였다. 학생이 나이 들어 대학에 들어온 이유를 물어보니, 퇴직 전에는 공무원으로 구청에서 국장까지 지냈고, 퇴직 후에는 새마을금고 이사장을 지냈다고 하였다. 그런데

60대 후반이 되니 자녀들이 모두 출가하고 아내와 두 노인이 매일 집에 앉아 죽을 날만 기다리는 것 같아 인생이 허무하게 느껴졌다고 한다. 무엇인가 새로운 변화가 필요하다는 생각에서 예전에 가정 형편상 고등학교 밖에 갈 수 없어 중단했던 대학생활을 해보기로 하였다고 한다. 학기 초에는 이 학생이 회색양복을 입고 흰머리를 하고 있어서 나이가 많이 들어보였다. 어느 날 수업 후 쉬는 시간에 이 학생이 다가와 자신이 반대표가 되었으니 전달할 사항이 있으면 자신에게 알려달라고 하였다. 원래는 나이도 있고 해서 대표를 하지 않으려고 했지만, 학생들이 자신을 도와줄 테니 꼭 대표를 맡아달라고 해서 반대표가 되었다고 했다. 반대표가 되고 나서는 항상 검은색 양복을 입고 머리도 검게 염색을 하고 다녔다. 머리색과 옷 색깔만 바뀌었을 뿐인데, 그분을 처음 뵈었을 때보다 10살 정도는 아래로 보였다. 학기 중간쯤 어느 날은 자신이 주도해서 학과 MT를 다녀왔다고 했다. 60대 후반의 노인이 20대 젊은 학생들과 함께 속리산 문장대를 올라갔다 왔다는 것이다. 자신은 나이도 있고 해서 산 정상까지 올라가지 않고 중간에서 기다리고 있으려 했는데 과대표가 올라가지 않으면 다른 학생들도 올라가지 않겠다고 해서 할 수 없이 산 정상까지 올라갔다 왔다고 자랑을 하였다. 학기가 끝나갈 무렵에는 학과 종강파티 후 학생들과 함께 나이트클럽에 갔다 왔다고 자랑을 하였다. 자신이 대학생이 되지 않았으면, 이 나이에 어떻게 저 젊은이들과 어울려 나이트클럽에 갈 수 있었겠느냐며 좋아하였다. 그렇게 나와의 인연을 끝났지만, 몇 년 후에는 최고령으로 대학원 석사과정에 합격하였다는 이야기를 들을 수 있었다.

지금도 그 분의 배움은 계속되고 있을 것이다.

한국방송통신대학교에 가보면 늦은 나이에 학구열을 불태우는 더 많은 분들을 볼 수 있다. 사회적 지위도 국회의원, 대기업 임원, 교수, 가정주부, 퇴직자, 귀농을 꿈꾸는 사람들 아주 다양하다. 일부는 대학을 마치고 대학원에 진학해 학문을 계속하는 사람들도 많다. 언젠가 마트에서 만난 50대 가정주부는 내 강의를 들었다면서 지금은 통신대학교를 졸업하고 현재 지방 국립대학교 대학원에 진학하여 수업을 받고 있는데, 학위를 받은 후 대학에서 강의 하는 것이 자신의 꿈이라고 했다. 그 꿈은 머지않아 곧 이루어질 것이다. 실제로 방송통신대학교에서 나에게 수업을 들었던 한 가정주부 학생은 대학원 석사과정과 박사과정을 마치고 대학에서 강의를 하고 있다.

각 대학의 평생교육원에도 많은 사람들이 먹고 살기 위해 잠시 미루어 두었던 자신들의 어릴 적 꿈을 실현하기 위해 다양한 강좌를 수강하고 있다. 이런 강좌를 통해 자아실현은 물론 자격증을 취득하여 자신이 좋아하고 꿈꿔왔던 일들을 준비하고 있다. 나이 들어서는 위와 같은 실용적인 학문 외에도 예술, 철학, 신학 등과 같은 순수학문에 관심을 가지고 공부를 하는 것도 큰 의미가 있다. 새로운 것을 배우는 데는 나이가 중요한 것이 아니라 본인의 의지가 더 중요하다.

이처럼 새로운 것을 배운다고 하는 것은 자신의 생활패턴뿐만 아니라 인생까지도 바꿀 수 있다. 무엇인가 변화를 꿈꾸거든 공부에 한번 도전해 볼 필요가 있다. 나이는 숫자일 뿐이다. 변화를 시도하는데 나이는 중요하지 않다. 나이가 어리다고 해서 젊은게 아니라 도전할 의지가 있으면 젊음을 가지고 있는 것이다. 오늘 시도하지 못한 일은 내일도 시도하지 못한다. 하고 싶은 일을 내일로 미루다가는 아마 생을 마감할 때까지 미루어 영원히 하지 못할 수도 있다. 이대로 당신의 생이 끝난다면 얼마나 억울하겠는가? 우리사회에서 나이든 사람이 젊은이들과 어울려 건강하게 사회생활을 하기 위해서는 끊임없이 새로운 것을 배우고 익혀야 한다. 새로운 자신의 인생을 위해 나이 탓 하지 말고 새로운 것을 배우고 익혀보자.

4) 부자도 되어 보자

세상에 태어나는 사람 누구도 처음부터 부자로 태어나는 사람은 없다. 빈손으로 태어나 빈손으로 가는 것이 인생이다. 부는 모두 이 세상에 살면서 이용하다 가는 사람들의 것이다. 아무리 부를 많이 가지고 있는 부자라 할지라도 죽으면서 부를 가지고 갈 수는 없다. 죽을 때는 누구든지 이 세상에 부를 다시 남겨두고 간다. 부는 처음부터 주인이 있는 것이 아니라 이용하는 사람들의 것이다. 부자들은 이런 확신을 처음부터 가지고 스스로 노력하여 부를 많이 이용하는 사람들이라면, 가난한 사람은 부를 특정인들의 것이라고 생각하고 스스로 얻으려고 노력하지 않은 사람들이라는 것이다. 부는 누구든지 가지려고 노력하는 사람들의 것이라는 사실을 잊지 마라.

지금까지 당신이 부자가 아니었다면, 지금이라도 부자를 동경만 하지 말고 부자가 되기 위해 노력해보자. 그러다보면 부자는 되지 못할망정, 최소한 가난한 사람은 되지 않을 것이다. 가난한 사람들은 자주 자신은 어려서부터 부모로부터 유산을 받지 못하였고, 부모가 가난해 교육도 제대로 받지 못했기 때문에 가난하다고 원인을 주로 자신의 주변 환경에서 찾고 있다. 그렇다면 지금의 부자들은 대부분 부모로부터 많은 유산을 받았거나 교육을 많이 배운 사람들일까? 그렇지는 않다. 일본 마쓰시다 전기의 창업자인 마쓰시다 고노스께는 자신이 성공할 수 있었던 요인을 3가지로 요약하고 있다. 그가 부자가 될 수 있었던 첫째 이유는, 어려서 매우 가난했기 때문이라고 한다. 자신이 가난했기 때문에 어려서부터 돈을 벌기위해 세상의 많은 일들을 하면서 다른 사람들보다 일찍 세상에 대한 풍부한 경험을 쌓을 수 있었다고 한다. 둘째, 교육을 제대로 받지 못했기 때문에 성공할 수 있었다고 한다. 자신은 집이 가난해 초등학교밖에 나오지 못했기 때문에 세상의 남녀노소를 불문하고 자신보다 많이 알고 있다고 생각되는 많은 사람들로부터 많은 것을 배울 수 있었다고 한다. 셋째는 몸이 매우 약했기 때문이라고 했다. 어려서부터 몸이 매우 약했기 때문에 건강의 중요성을 일찍부터 깨닫고 건강관리를 잘 할 수 있었다고 한다. 많은 사람들이 가난의 원인으로 이야기 하고 있는 부모님의 가난, 짧은 학력, 좋지 않은 건강은 마음먹기에 따라 자신을 단련하는 중요한 수단이 될 수도 있다는 것을 보여준 사례이다.

일반적으로 돈을 벌어 부자가 되는 길은 세 가지 정도가 있다고 한다. 가장 빠르게 부자가 되는 길, 약간 시간을 필요로 하지만 부자가 되는 길, 시간이 많이 걸리지만 확실히 부자가 되는 길이 있다. 평범한 사람이 가장 빠르게 부자가 될 수 있는 길은 부자와 결혼을 하는 것이다. 부자와 결혼하면 즉시 배우자 재산에 대한 공동 관리자가 될 수 있고, 부자와 같이 살다가 이혼을 한다고 해도 배우자 재산의 상당부분을 위자료로 받을 수 있기 때문에 부자로 남을 수가 있다. 그러나 현실에서 평범한 사람이 부자와 결혼하기가란 쉽지 않다. 부자들은 정치, 경제, 사회적 지도자들의 자녀들과 결혼을 하든가 미모의 여성을 배우자로 선호할 가능성이 높기 때문이다. 더구나 이미 자신이 결혼을 한 사람이라면, 부자와 결혼할 가능성이 거의 없을 수도 있다.

약간 시간이 걸리지만 부자가 될 수 있는 길은 부자와 친구가 되는 것이다. 부자들은 나름대로 재산을 모으고 관리하는 탁월한 능력을 가지고 있는 사람들이다. 부자를 친구로 두고 부자 친구처럼 생각하고 부자처럼 행동하고 배우라는 것이다. 부자친구의 습관, 사고, 행동 등을 따라하고 그의 투자방법을 배우라는 것이다. 부자들이 많이 쓰는 말을 자신도 따라 해보고 자주 써보라는 것이다. 부자들이 주식과 펀드를 이야기하면 자신도 주식과 펀드를 알아보고 다른 사람들에게 말해보라는 것이다. 그러나 사람들은 비슷한 수준의 사람들끼리 친구가 되기 때문에, 부자와 친구가 되기도 쉽지는 않다. 그들과 친구가 되기 위해서는 많은 노력이 필요하다.

마지막으로 시간이 비교적 많이 걸리지만, 확실하게 부자가 될 수 있는 길은 자신이 스스로 부자가 되는 것이다. 자신이 스스로 부자처럼 생각하고, 부자처럼 보이려고 노력하고, 부자처럼 행동하면 부자가 될 수 있다는 것이다. 먼저 부자처럼 생각하라는 것은 마음속에 있는 부정적인 근심, 걱정, 불안, 불만을 털어버리고 모든 것이 잘될 것이라는 긍정적인 마음을 가지라는 것이다. 당신의 마음속에 있는 부정적인 것들을 버리고 긍정적인 것들만 생각하라는 것이다. 인간의 내면에는 잠재의식이라는 것이 있다. 학창시절 수학여행을 갈 때 내일 아침 일찍 일어나 학교에 가야 버스를 타고 수학여행을 갈 수 있는데, 혹시 늦잠을 자서 버스를 타지 못하면 어쩌나 하는 걱정으로 잠을 설친 적이 있을 것이다. 이때 속으로 내일 아침 '일찍 일어나야 돼', '일찍 일어나야 돼'라고 자기암시를 하다 잠이 들면 실제로 아침에 일찍 눈이 떠진다는 것을 경험했을 것이다. 세상일은 대부분 마음먹기에 달려있다. 당신도 부자가 되기 위해서는 부자라는 화두를 언제나 머리에서 떠나지 않게 하여야 한다. 부자가 되려면 먼저 자신의 머릿속에서 가난이라는 단어를 지워버리고 부자라는 단어로 빈 공간을 채워야 한다. 가난을 생각하면 가난이 머릿속에서 떠나지 않으며 가난에서 벗어날 수가 없다. 대신에 자신이 부자라고 생각하고 머릿속에 항상 자신이 부자라는 생각이 떠나지 않게 해야 한다. 머릿속에서 가난이라는 단어를 몰아내고 부자라는 단어를 항상 생각하면 부자와 관련된 것이 보이기 시작하고, 언젠가 보이지 않는 힘에 의해 자신이 부자처럼 행동하고 있다는 것을 알 수 있을 것이다. 성공한 사람은 노력하고 준비하고 있다가 기회가 왔을 때 기회를 알아보고 이를 이용한 사람들이다. 운은 자신이 만들어내는 것이지 어느 날 노력 없이 주어지는 것이 아니다. 불행은 자신의 나쁜 습관에서 나오기 때문에 좋지 않은 습관은 버려야 한다. 성공은 선택된 소수의 것이기 때문에 자신은 성공하지 못할 것이라고 믿는 사람은 성공과 반대로 생각하고 행동하는 사람이다. 자신의 능력을 믿고 존중하고 자신을 칭찬해야 한다. 당신이 생각하고 믿는 대로 당신의 미래가 다가올 것이다. 자신을 불신하고 자신에게 불행한 일이 계속 일어날 것이라고 생각하고 믿는다면, 그런 일들만 일어날 것이다. 반대로 나는 억세게 운이 좋은 사람이기 때문에 좋은 일만 일어날 것이라고 믿고 행동하면 운 좋은 일만 일어날 것이다. 어떤 내용을 자신에게 계속 암시를 하면 잠재의식이 자신도 모르게 자기의 몸을 암시대로 움직이게 하는 것이다. 실패와 가난 대신 성공과 부자를 계속 머릿속에서 그리다보면 잠재의식이 우리 몸을 통제하여 그런 방향으로 가게하기 때문에, 언제부터인가 자신의 눈빛, 표정, 걸음걸이가 전과 달라져 있게 될 것이다.

자신이 부자라고 생각하게 되었다면, 이제는 부자처럼 행동하고 부자처럼 남들에게 베풀어야 한다. 우리나라에서 부자는 좋은 집에 살며 좋은 차를 타며 명품 옷을 입고 다니는 사람으로 알고 있는 것처럼 주로 외형적인 모습을 보고 말하지만, 외국에서는 얼마나 사회에 기부를 많이 했는가를 통해 부자를 알 수 있다고 한다. 빌게이츠와 워런 버핏 등 서구의 부자들이 사회에 자기재산의 상당부분을 기부했다는 이야기는 잘 알려진 사실이다. 부자는 남에게 베풀 줄 알아야 한다. 당신이 가진 것이 아직 돈이 아니라 몸과 마음뿐이라면 이것들을 남들에게 베풀도록 하여야 한다. 당신 주변에 힘들어 하는 사람이 있으면 건강한 몸을 이용하여 도와주어라. 어느 날 그 사람이 당신의 은인이 될 지도 모른다. 만나는 모든 사람들을 칭찬하라. 그런데 사람들은 남을 칭찬하기보다 헐뜯기를 더 좋아한다. 너만 알고 있으라고 하면서 남을 험담하지만 세상에 너만 아는 비밀은 없다. 자신의 입을 떠나는 순간 더 이상 그것은 비밀이 아니다. 자신에 대한 험담을 전해들은 사람은 나를 싫어하겠지만, 칭찬의 소리를 전해들은 사람은 언젠가부터 나를 좋게 보게 될 것이다. 평소에 남을 칭찬하는 말을 많이 하는 것은 자신의 미래를 위한 인적자본을 축적하는 중요한 과정이다. 예를 들어 학교 강의시간에 한쪽 끝 사람에게는 좋은 소식을, 다른 쪽 끝 사람에게는 나쁜 소식을 전해주고 수업 중에 옆 사람에게 전달하라고 하고, 수업이 끝난 뒤 결과를 확인해보면 어떤 결과가 나올까? 나쁜 소식은 수업을 들던 많은 사람들이 알고 있겠지만, 좋은 소식은 소수의 사람만이 알고 있게 된다. 이처럼 남을 비난하는 험담은 빨리 전파되지만, 남을 칭찬하는 말은 쉽게 전파가 되지 않는다. 장난으로라도 그 사람이 없는 데서 험담을 하지 말아야 하는 이유이다. 반대로 남에 대한 칭찬의 말은 잘 전달되지 않기 때문에 한번 해서는 전달되지 않고 반복적으로 해야 당사자에게까지 전달될 수가 있다. 다른 사람에 대해 험담을 하면 그 사람을 잃을 수 있지만, 칭찬을 하면 그 사람의 마음을 얻을 수가 있다.

부자가 되기 위해서는 옷도 잘 입고 활기차게 활동해야 한다. 옷도 명품은 아니더라도 좋은 옷을 잘 입고 다녀야 한다. 평소에 허름한 옷을 입고 다니는 사람은 사람 자체가 허름해 보이지만, 옷을 잘 입고 다니는 사람은 신용이 있어 보인다. 당신도 남에게 일을 맡기거나 거래를 할 때 허름한 옷을 입은 사람보다는 좋은 옷을 잘 입은 사람을 더 믿게 될 것이다. 만일 당신이 부자라면 평소 시장패션의 허름한 옷을 입고 다니던 사람과 명품은 아니더라도 메이커 옷을 잘 입고 다니던 사람이 천만 원을 빌려달라고 할 때 누구를 우선적으로 생각해 보겠는가? 빌려준 돈을 받을 가능성을 고려해서 돈을 받을 가능성이 높은 평소 옷을 잘 입고 다니던 사람을 우선적으로 고려할 것이다.

이제 자신도 부자가 되기 위해 부자처럼 생각하고, 부자처럼 입고, 부자처럼 행동을 해보자. 그러다 보면 부자에 가까이 가든가 최소한 가난한 사람은 되지 않을 것이다.

6. 퇴직이 행복한 사회

오래 전에 캐나다로 이민을 떠난 한 친구가 있다. 이 친구는 경기도 오산 근처에서 많은 땅을 가지고 농사를 짓고 있었는데, 어느 날 캐나다로 이민을 가기로 했다고 연락이 왔다. 앞으로의 인생을 캐나다에서 인간답게 살기위해서 이민을 간다고 했다. 지금은 인간답게 살고 있지 못하는지 물어보았더니, 지금처럼 살면 자기는 죽을 때까지 일만하다 죽을 것 같고, 아이들도 어려서부터 공부에 시달리며 꿈 많은 어린 시절을 다 보낼 것 같아 안타깝다고 하였다. 이 친구는 100여 마지기나 되는 땅을 가지고 농사를 짓고 있었으니 우리사회에서는 그래도 부농이라고 할 수 있다. 경작해야 할 땅이 워낙 많다보니 거의 매일 농사일에 시달리면서 살았다고 해도 과언은 아닐 것이다. 결국 친구는 그 많던 땅을 처분하고 캐나다로 투자이민을 떠났다. 이민을 떠난 지 3년 후 쯤, 그 친구가 일이 있어서 한국에 왔다고 연락이 와서 다시 만나게 되었다. 친구에게 캐나다에서는 인간답게 살고 있는지 물어보았다. 아이들은 학교생활을 매우 즐거워하고 있고 공부에 시달리지도 않고 있다고 했다. 자신도 여기서 보다는 일하는 시간이 적고 가족들과 함께하는 시간이 훨씬 많아져 행복하다고 했다. 그러면서 지금보다도 자신의 퇴직 후의 삶이 기대된다고 하였다. 자기 옆집에 사는 아저씨 부부가 지금 퇴직을 하고 매월 받는 연금으로 세계 일주여행을 하고 있는데, 자신도 퇴직 후에는 연금을 받으며 세계 일주여행을 하려고 하는데 아마 실현될 것이라고 했다. 연금만으로 세계 여행을 하면서 노후를 즐길 수 있다니 친구가 부럽기도 했다. 우리나라에서도 이런 노후를 기대해도 좋을까?

우리사회는 지금 나이든 세대와 젊은 세대 간에 잠재적인 세대갈등을 겪고 있다. 직장에서 나이든 세대는 과거보다 건강상태가 좋아졌고 평균수명이 늘어났으니 정년을 연장해달라고 요구를 하고 있고, 젊은 세대는 나이든 세대 한명을 퇴직 시키면 신규노동자 여러 명을 새로 채용할 수 있으니 조기퇴직과 명예퇴직을 정착시켜야 한다고 주장을 하고 있다. 사회에서도 나이든 세대는 노후준비도 하지 못하고 한 평생 열심히 일만해서 우리사회가 이만큼 먹고 살만하니 노인복지제도를 확대해서 사회가 자신들의 노후를 책임져 주어야 한다고 요구를 하고 있지만, 젊은 세대는 현재의 사회복지비 부담도 만만치 않은데다 앞으로는 노동인구의 감소로 복지비 부담이 더 늘어날 수밖에 없다며 노인복지의 확대를 반대하고 있다. 앞으로 우리사회가 저출산 고령사회가 되면, 이러한 세대 간의 갈등은 더욱 심화될 것이다. 그리고 젊은이들의 조세부담이 더 커지면 조세저항에 부딪치거나 이들의 해외이탈 현상도 일어날 수 있다.

우리사회에서 임금이 오늘날과 같이 현실화된 것은 1990년대에 들어와서이며, 그 이전에는 대부분 먹고살기도 빠듯하여 저축할 여력이 거의 없었다. 노후 준비를 했다고 하는 사람들도 겨우 집 한 채 정도 장만하고, 그것을 노후에 어떻게 해보겠다고 하고 있다. 그런데 최근 독신, 이혼, 사별한 사람들이 늘어나면서 1인가구가 증가하고 있고, 젊은이들의 출생아 수가 줄어들었을 뿐만 아니라 평균 교육기간이 길어지고 노동 참여시기가 늦어지면서, 젊은이들 중 돈을 모아 집을 구입할 정도의 경제적 여력을 가진 사람도 많지 않다. 그러므로 집 한 채로 노후를 어떻게 해보겠다고 준비한 사람들도 불안하기는 마찬가지다. 최근 서유럽 복지국가들의 경제위기에서 볼 수 있듯이, 세계 경제위기 등으로 재정이 악화되자 일부 국가에서는 현재 있는 노후 복지혜택조차도 축소하려는 경향을 보이고 있다. 연금도 이제 믿을 수가 없게 되었다. 앞으로 우리사회에서도 출산율 하락에 따른 노동력 감소와 세액감소로 은퇴관련 홍보책자나 TV홍보 수준의 노후생활을 유지하기가 힘들어 질 것이다. 그러면 퇴직 후 베이비부머들이 행복한 사회가 되기 위해서는 어떻게 해야 할까?

먼저 퇴직 후의 삶에 대한 사람들의 인식이 변화되어야 한다. 많은 사람들이 추구하는 것처럼 경제적으로 풍요롭게 사는 것이 노후생활의 최선은 아니며, 자신의 현재 생활에서 행복을 느낄 수 있을 때가 가장 바람직한 삶이라고 할 수 있다. 지구상에서 행복지수가 높은 나라들도 결코 경제력이 높은 나라들이 아니다. 1998년 방글라데시, 2006년 바누아트, 2008년 네팔 등이 세계에서 행복지수가 가장 높은 나라로 선정된 것만 보아도 행복은 돈의 순서가 아님을 알 수 있다. 이제 경제적으로 풍요로운 노후에 너무 치중하기보다는 삶이 행복한 노후를 중시하고 준비해야 한다. 그렇다고 돈이 없어도 된다는 이야기가 아니라 돈은 적당히 즐기고 돈의 지배를 받지 않을 만큼만 있으면 족하다는 것이다.

지금까지는 많은 사람들이 노후에 일하지 않고 취미생활이나 즐기면서 사는 삶에 커다란 가치를 두었지만, 앞으로는 노후에도 계속 일을 하는 사람이 아름답다는 것에 더 큰 가치를 두어야 할 것이다. 노후에 일이 있으면 사회로부터 고립되지 않고 일정한 역할을 하면서 정신적 육체적으로 건강하게 살 수 있다. 장수하는 사람들을 조사한 연구결과를 보아도 장수하는 사람들의 특징은 죽음에 대한 두려움보다는 낙천적인 성격을 가지고 자신의 일을 하고 있으며 무엇인가 새로운 것에 도전을 계속하고 있는 사람들이라고 한다. 막상 일을 하려고 하면, 주변사람들은 이제 퇴직도 했으니 힘든 일 그만하고 집에서 취미생활이나 하면서 노후를 편안히 즐기라고 한다. 노후에 거실의 흔들의자에 앉아 벽난로 앞에서 신문을 보고 있거나 공원에서 한가롭게 두 부부가 산책을 하고 친구들과 골프카를 몰며 필드에서 골프를 치고 있는 노인들의 모습들을 상상해서 하는 말이다. 이런 모습들은 TV나 신문의 광고에서 많이 보아왔던 것들이지 현실적으로 이렇게 노후를 보내는 사람들은 많지 않다. 정작 베이비부머들은 퇴직 후 취미생활이나 하면서 노후를 보내기에는 건강상태가 너무 좋고 성취욕구도 강하다. 이들 중 자신을 늙었다고 생각하는 사람들이나 일을 그만두고 쉬겠다고 생각하는 사람들도 많지 않다.

남편이 일을 할 때는 행복하던 부부도 남편이 퇴직 후 하루 종일 집에서 있게 되면 부인과 마주치게 되고 잔소리가 늘어나면서 사사건건 부인과 갈등하게 된다. 1990년대 초 일본에서는 은퇴 후 할 일 없이 집에서만 지내며 아내를 귀찮게 구는 남편을 신발에 붙어 잘 떨어지지 않는 거추장스러운 낙엽에 빗대어 '젖은 낙엽'이라 불렀다고 한다. 퇴직 후 일없이 집에 있다가는 당신도 젖은 낙엽신세가 될 수 있다.

젊어서는 자신의 적성보다는 먹고 살기 위해 일을 할 수 밖에 없었다면, 남은 인생 동안에는 자기의 적성에 맞고 자기가 좋아하는 일을 해보아야 한다. 퇴직은 인생에서 삶의 우선순위를 돈과 권력 중심에서 자신의 행복과 사회에 대한 기여로 수정하는 전환점이 되어야 한다. 우리보다 베이비붐세대들이 먼저 배출된 국가들의 경우 베이비붐세대들은 퇴직 후 인생에 일정한 변화를 주기 위해 자신이 해야 하는 일이 아니라 자기가 하고 싶고 잘 할 수 있는 일들을 많이 하고 있다고 한다. 우리의 퇴직자들도 이런 태도를 가지고 일을 한다면, 퇴직 후 큰돈이 되지 않는다 해도 일을 하면서 일 자체에서 보람을 찾을 수가 있을 것이다.

새로운 일을 한다고 해도 자신이 평생 해온 일 외에는 다른 사회경험이 없기 때문에 일을 시작한다는 것이 여간 두렵지가 않을 것이다. 이들에게 누군가가 일에 대한 정보를 제공하고, 하고 싶은 일을 사전에 간단하게 체험할 수 있는 기회를 제공해 준다면, 노후의 일에 보다 안정적으로 정착할 수 있을 것이다. 퇴직자의 안정적인 직업이동을 위한 훈련과 연수를 담당할 커리어 트랜지션 센터(career transition center)가 필요하다. 혼자 하고자 하는 일을 경험도 없이 무작정 시작한다는 것은 모험일 수밖에 없는데, 나이가 들어가면서 이런 용기를 내기도 쉽지 않다. 이 센터에서는 퇴직 후 왜 일을 해야 하는지 일을 해야 하는 이유를 분명히 설명해주고, 퇴직 후 주눅 들어 있는 사람들의 자신감 배양을 위한 교육이 이루어져야 하며, 퇴직 후 집에서 배우자와 갈등 없이 보내기 위해서는 어떻게 배우자를 배려해야 하는지 화목한 가정을 유지하기 위한 방법에 대한 교육도 이루어져야 한다. 퇴직 후 자산관리도 중요하기 때문에 자산관리 방법에 대한 교육도 이루어져야 한다. 퇴직 후에 일을 하고 싶어도 어떤 일을 어떻게 시작해야 할지를 잘 모르기 때문에, 퇴직자들이 할 수 있는 일들과 하고 싶어 하는 일들을 조사하고, 일의 목록을 만들고 개인에게 적합한 일들을 찾아주는 역할도 해야 한다. 그리고 처음 시작하는 일을 바로 실천에 옮겼다가 실패하면 낭패가 되기 때문에, 사전에 자기가 선택한 일을 체험해 볼 수 있는 체험기회도 마련되어야 한다. 필자는 제 2의 인생으로 이런 기구를 만들어 많은 퇴직자들의 전직에 도움을 주고 싶다.

퇴직자들이 퇴직 후에도 계속 일을 하기 위해서는 늦은 나이까지 일을 할 수 있는 제도적 뒷받침이 필요하다. 퇴직자들의 오랜 경험과 기술을 사장시키지 말고 활용할 수 있는 사회적 풍토도 조성되어야 할 것이다. 퇴직 후 일 하는 것이 보편화되기 위해서는 늦은 나이까지 일을 하는 사람을 은퇴준비를 하지 못한 게으른 사람으로 보기 보다는 일을 하면서 사회와 소통하고 자신의 존엄성을 지키며 살려는 사람으로 보려는 사회적 인식변화가 필요하다.

기업도 앞으로 퇴직연령이 되었다고 그 사람의 건강상태나 능력과 상관없이 무조건 회사에서 나가 연금으로 생활하라고 할 것이 아니라 국가의 연금부담도 줄이고 퇴직 후에도 일하는 현상이 보편화될 수 있도록 일하고자 하는 사람들에게는 일할 기회를 확대할 방안을 마련해야 한다. 퇴직 후에도 일하는 사람이 많다는 것은 국가차원에서는 국세부담을 줄이는 것이며, 오랜 경험과 기술을 축적하고 있는 인적 자원을 효율적으로 이용해 국가의 생산성을 높이는 것이다. 직장인들은 퇴직을 하면 소득이 줄어들어 계층적 지위가 중간층에서 하층으로 전락하는 경향이 많은데, 일을 계속 하게 되면 소득활동을 계속할 수 있게 돼서 사회적으로 계층의 양극화 현상을 막을 수 있고, 중간층을 두텁게 하는 효과도 생기게 된다.

혹자는 인생을 수학문제 푸는 과정과 같다고 한다. 처음 태어날 때는 아무 것도 소유하지 않은 제로(0)의 상태이었지만, 사회생활을 하면서 지식, 재산과 경험을 더하고 곱하여 크게 불렸다가 퇴직 후에는 그동안 축적했던 지식과 경험과 재산을 다른 사람들을 위해 나누고 빼내어 주다가 결국 원점인 제로상태로 돌아간다는 것이다. 맞는 이야기인 것 같다. 그리고 어린아이가 태어날 때는 손을 꼭 움켜쥐고 태어나 부, 권력, 명예, 사랑 등 많은 것을 움켜쥐려 하지만, 죽을 때가 되면 이 모든 것을 차례로 내려놓고 손을 쫙 피고 빈손이 된다. 어차피 인생은 빈손으로 왔다가 빈손으로 가는 것이다. 그러나 이 모든 것을 움켜쥐기도 어렵지만 내려놓기도 쉽지 않다고 한다. 퇴직 후에는 나누기와 빼기의 연습이 필요하다는 이야기다. 호스피스 병동에서 오랫동안 자원봉사활동을 한 사람들의 이야기를 들어보면, 사람마다 사연은 다르지만 임종을 앞둔 사람들이 공통적으로 가지고 있는 아쉬움이 있다고 한다. 그동안 더 많은 재산을 모으지 못한 것에 대한 아쉬움이 아니라, 남들에게 더 베풀지 못하고 가는 것에 대한 아쉬움이라고 한다. 자신이 가지고 있는 시간과 건강을, 그리고 오랫동안 축적해온 경험과 지혜와 부를 다른 사람들과 더 나누지 못하고 가는 것을 아쉬워한다고 한다. 우리도 퇴직 후 자신의 일을 하면서 틈틈이 나누는 삶을 실천해야 죽음에 임박해서 나누어 주지 못한 삶에 대한 후회를 하지 않을 것이다. 노후가 행복한 삶을 위해서는 자신뿐만 아니라 사회가 다함께 노력을 해야 한다.

제2의 인생을 위한

앙코르 마이라이프

인 쇄 | 2012년 9월 13일
발 행 | 2012년 9월 15일

저 자 | 이 호 성
발행인 | 박 상 규
발행처 | 도서출판 **보성**

주 소 | 대전광역시 동구 삼성2동 318-31
전 화 | (042) 673-1511
팩 스 | (042) 635-1511
E-mail | bspco@hanmail.net
등록번호 | 61호
ISBN 978-89-6236-085-1 03330

정가 13,000원